Metodologias ativas a serviço da catequese

Catequese para uma vida cristã ativa

CB032723

Dados Internacionais de Catalogação na Publicação (CIP)
(Câmara Brasileira do Livro, SP, Brasil)

Landeira, José Luís
  Metodologias ativas a serviço da catequese: catequese para uma vida cristã ativa / José Luís Landeira, Thiago Faccini Paro. – Petrópolis, RJ: Editora Vozes, 2025.

  ISBN 978-85-326-7043-4

  1. Catequese – Ensino bíblico 2. Catequese – Igreja Católica 3. Catequistas – Educação 4. Fé 5. Vida cristã I. Paro, Thiago Faccini. II. Título.

24-243455   CDD-268.82

Índices para catálogo sistemático:
1. Catequese: Igreja Católica 268.82
Cibele Maria Dias - Bibliotecária - CRB-8/9427

José Luís Landeira
Pe. Thiago Faccini Paro

Metodologias ativas a serviço da catequese
Catequese para uma vida cristã ativa

Petrópolis

© 2025, Editora Vozes Ltda.
Rua Frei Luís, 100
25689-900 Petrópolis, RJ, Brasil
www.vozes.com.br

Todos os direitos reservados. Nenhuma parte desta obra poderá ser reproduzida ou transmitida por qualquer forma e/ou quaisquer meios (eletrônico ou mecânico, incluindo fotocópia e gravação) ou arquivada em qualquer sistema ou banco de dados sem permissão escrita da editora.

CONSELHO EDITORIAL

Diretor
Volney J. Berkenbrock

Editores
Aline dos Santos Carneiro
Edrian Josué Pasini
Marilac Loraine Oleniki
Welder Lancieri Marchini

Conselheiros
Elói Dionísio Piva
Francisco Morás
Gilberto Gonçalves Garcia
Ludovico Garmus
Teobaldo Heidemann

Secretário executivo
Leonardo A.R.T. dos Santos

PRODUÇÃO EDITORIAL

Aline L.R. de Barros
Jailson Scota
Marcelo Telles
Mirela de Oliveira
Natália França
Otaviano M. Cunha
Priscilla A.F. Alves
Rafael de Oliveira
Samuel Rezende
Vanessa Luz
Verônica M. Guedes

Diagramação: Ana Maria Oleniki
Revisão gráfica: Alessandra Karl
Capa: Editora Vozes

ISBN 978-85-326-7043-4

Este livro foi composto e impresso pela Editora Vozes Ltda.

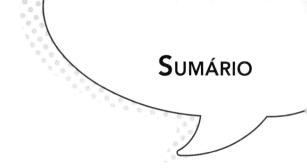

Sumário

Introdução, 7

Parte I - O que é uma catequese ativa?, 11

1 Quando os conhecimentos humanos participam nos conhecimentos divinos, 12

2 Princípios básicos da catequese ativa, 23

3 Metodologias ativas e o desenvolvimento de competências, 35

4 Estratégias metodológicas – como organizar a catequese ativa, 49

Parte II - Metodologias para uma catequese ativa, 61

5 Conhecendo os catequizandos, 62

6 O encontro de catequese invertido, 71

7 Catequese ativa baseadas em problemas, 77

8 Quando os problemas surgem dos catequizandos, 88

9 Transmitindo conhecimentos com efetividade, 98

10 Catequese baseada em projetos e em casos, 109

11 O encontro de catequese e o trabalho colaborativo, 119

12 A catequese (contempl)ativa, 130

Considerações finais, 145

Referências, 146

Sobre os autores, 149

INTRODUÇÃO

Desde o mandato de Jesus: Ide, anunciai o Evangelho e batizai em nome da Trindade (cf. Mc 16,15), os discípulos de Jesus nos mais de 2.000 anos da Igreja Católica Apostólica Romana não se cansaram de anunciar Jesus Cristo, transmitindo de geração em geração o seu mistério de amor e Salvação. Cumprindo, assim, o que já cantava o salmista:

> O que nós ouvimos, o que aprendemos, o que nossos pais nos contaram, não ocultaremos a nossos filhos; mas vamos contar à geração seguinte as glórias do Senhor, o seu poder e as obras grandiosas que Ele realizou (Sl 78,3-4).

Ao longo do tempo, os discípulos precisaram adequar sua linguagem sendo sensíveis a realidade de cada época e lugar. O grande missionário Paulo, assim o fez, quando percebeu que não bastava abrir a boca e anunciar, mas que deveria se valer de métodos e estratégias para que sua mensagem fosse mais efetiva e encontrasse lugar na mente e nos corações. Assim o fez quando em Atenas foi o areópago, local onde ficavam os altares dos vários deuses pagãos e ali, vendo o altar do deus desconhecido, parte da realidade e cultura local, e anuncia Jesus Cristo. Ao término, nos diz o Livro dos Atos dos Apóstolos, que muitos abraçaram a fé (cf. At 17,15-34).

Ainda hoje, somos chamados a ser sensíveis a realidade e as novas gerações, que com a diversidade de "ofertas" de espiritualidade e prazeres requer mais criatividade e estratégias no anúncio e na formação cristã. Não muito distante de nós, o Concílio Ecumênico Vaticano II foi o grande promotor do diálogo e abertura da Igreja para a "mudança de época". Por meio da Constituição *Sacrosanctum Concilium*, os padres conciliares restauram o catecumenato em etapas ao dizer: "Sob a orientação do ordinário local, seja restaurado o catecumenato de adultos, dividido em diversas etapas. Desta maneira, o tempo do catecumenato seja destinado a catequeses profundas e santificado pelos ritos realizados sucessivamente em cada etapa" (n. 64). Ou seja, com este número da *Sacrosanctum Concilium*, o Concílio determina que sob a orientação dos bispos se recupere o catecumenato da Igreja primitiva, com seus quatro tempos e três etapas, buscando uma mudança de mentalidade e uma inserção na comunidade eclesial, superando a mera sacramentalização.

Desde então, inúmeros foram os que se debruçaram nesse tema, propondo meios e caminhos para que a Iniciação à Vida Cristã seja sempre uma realidade, formando discípulos missionários de Jesus Cristo. Aliado ao método catecumenal da Igreja primitiva e a todo conhecimento herdado por nossas comunidades nesses dois mil anos, podemos e devemos nos valer ainda do estudo e conhecimento compartilhado pela ciência, por pesquisadores e educadores que ao propor métodos educativos nos ajudam também a propagar a fé, e fazer com que mentes e corações sejam tocados pelo mestre dos mestres: Jesus Cristo.

Assim, como cristãos batizados, cumprindo o mandato do Mestre, na diversidade de ministérios, unem-se um cristão leigo e um presbítero. Um pós-doutorando em educação e outro, doutorando em teologia, ambos inquietos e incansáveis na transmissão de conhecimento e da fé. Das leituras feitas, das experiências junto à Igreja, dos cursos realizados e, sobretudo, das inquietações que o olhar atento sempre reforça nasceu este livro. Propondo as metodologias ativas como uma forma concreta de fazer com que catecúmenos e catequizandos não só conheçam a fé professada pela Igreja, mas também se tornem discípulos missionários dentro de uma comunidade eclesial, colocando seus dons e talentos a serviço da Igreja e do Evangelho.

A ideia de uma catequese ativa, alimentada pelos conhecimentos das Ciências da Educação, na confluência que a catequese tem com outras atividades educativas ganha relevo. Os conhecimentos, a fé, o amor, a esperança, a sabedoria, a ciência... as muitas potencialidades do ser humano não podem ser resolvidas em um conflito de opostos, mas na aproximação, abrindo-se ao fluxo da ação do Sagrado. Contudo, a par disso, pensam-se as especificidades de catequizar, ministério singular da Igreja que aproxima o ser humano de Deus e da história do seu povo.

Que ao descobrir as metodologias ativas, você catequista, possa transmitir com mais efetividade e afetividade a fé professada pela Igreja e por cada um de nós batizados.

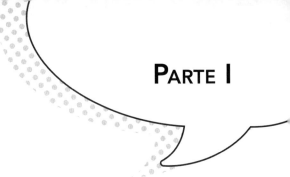

PARTE I

O que é uma CATEQUESE ATIVA?

1

QUANDO OS CONHECIMENTOS HUMANOS PARTICIPAM NOS CONHECIMENTOS DIVINOS

Estimado catequista, com este capítulo queremos refletir sobre a importância da ciência e dos seus conhecimentos para a humanidade e como isso pode nos ajudar na missão de transmitir a fé. Deste modo, ao final deste capítulo, queremos que você seja capaz de responder as seguintes questões:

- Que relação pode manter a sabedoria divina com o conhecimento humano?
- Como a Catequese pode se beneficiar dos conhecimentos e descobertas das Ciências?

POR UMA CATEQUESE ATIVA

Toda criança deveria iniciar a sua vivência religiosa em casa, desde o seu nascimento. Toda família deveria ser o lugar da experiência do amor, respeito e valores cristãos. A catequese, como experiência familiar, é o primeiro lugar onde se deve aprender, mais pelo exemplo do que pela palavra, sobre o amor a Deus e ao próximo (cf. Jo 15,12), e sobre a importância da comunidade eclesial. A família, como Igreja doméstica, deveria ser o lugar em que se aprende e vivencia os valores cristãos, a oração contemplativa e a caridade.

A catequese oferecida pela Igreja deveria ser uma continuação e complemento dessa catequese familiar, formando crianças, jovens e adultos para se tornarem discípulos missionários de Jesus, onde os Sacramentos do Batismo, da Confirmação e da Eucaristia sejam meios e não fim, para a vivência eclesial e a ação apostólica, possibilitando uma vida ativa e plena na comunidade eclesial.

Porém, não podemos cobrar que os pais iniciem os seus filhos, se eles não foram iniciados, pois "ninguém dá o que não tem", como diz a sabedoria popular. E por isso, lamentavelmente, muitas famílias enfrentam inúmeros desafios e sentem muitas dificuldades em se tornarem Igreja viva. É preciso aproveitar muitas vezes a Iniciação à Vida Cristã dos filhos, para iniciar os pais. Oferecer a toda a família a oportunidade de conhecer Jesus Cristo e se aproximar da comunidade eclesial.

O primeiro passo é buscar criar um vínculo afetivo com as famílias, podendo iniciar com uma visita e assim conhecer suas realidades. Muitas destas famílias enfrentam dificuldades sociais, econômicas e de saúde, e tomar ciência disso nos ajuda a oferecer um caminho de fé e de esperança. As pessoas sentem fome de Deus, mas, por vezes, nem sabem dar nome a essa fome. Procuram transformar eventos, pessoas, dinheiro e sucesso em Sagrado. Andam cansados de tanto procurar aquilo que nem sabem que nome tem. Nossa atitude diante dessas realidades deve ser a de Jesus que "Ao ver a multidão teve compaixão dela, porque estava cansada e abatida como ovelhas sem pastor" (Mt 9,36a). Ou seja, mais do que criticar a ausência dos pais na iniciação dos filhos, precisamos compreender suas histórias e descobrir oportunidades de também os iniciar na fé.

Como veremos, a Iniciação à Vida Cristã deve se adequar à realidade e urgência dos tempos, sem perder as suas características essenciais. Manter-se na eternidade de Deus é também manter-se no diálogo com a história. Desse modo, ela se torna caminho para as pessoas "obterem a verdadeira vida" (1Tm 6,19). A Iniciação à Vida Cristã deve ser um processo educativo na fé que se afasta de uma simples transmissão de informações para uma experiência ativa dentro de uma comunidade, em que doutrina e experiência eclesial caminham juntas, promovendo a participação consciente no mistério cristão, estimulando a ação apostólica. A catequese torna-se infrutífera se reduzida a um simples estudo de doutrinas e ritos. É neste contexto que encontra lugar as metodologias ativas, como uma ferramenta potente que poderá auxiliar o catequista a adentrar na realidade de cada catequizando e partindo da história de cada um, poder pavimentar a fé e seus valores, numa vivência eclesial concreta.

O fazer catequético não é limitar-se a uma lista de conhecimentos que se deve saber, mas requer uma vivência comunitária, como iniciação de algo maior, um processo permanente de formação cristã. Deste modo, a Iniciação à Vida Cristã, sobretudo por meio da catequese deve ser coerente com o amor de Deus e revelar-se uma possibilidade transformadora. Ela deve também assumir a realidade, as expressões culturais, a maneira de ser e de viver do povo. É nessa chave que podemos compreender a proposta da catequese ativa, que vai buscar nos estudos acadêmicos auxílios para catequizar melhor e propiciar mais qualidade na iniciação à fé. É o que veremos nos próximos capítulos, ao conceituar e refletir sobre os princípios e metodologia para uma catequese ativa.

Importante dizer ainda que se deparará ao longo da leitura com textos em destaque, onde serão descritas realidades concretas de catequistas e catequizandos, para ilustrar e exemplificar cada tema refletido. São personagens fictícios, porém, repletos de situações concretas, como veremos a seguir com as histórias da catequista Mariana e sua turma de catequese.

Mariana começa este ano seu ministério como catequista. Ela se sente emocionada: uma educadora da fé! Ela deseja ecoar o anúncio do Evangelho a todos aqueles, crianças, jovens e adultos, que o Senhor colocar em seu caminho! Ela se vê exercendo esse ministério sagrado por muito tempo! Mas, agora, sua primeira turma de catequizandos a desafia. Este é o primeiro encontro, para o qual foram também chamados os pais e responsáveis.

Jonathan é um catequizando irrequieto. Sua mãe o apresentou como "atentado" e disse que, por ela, ele irá direto para o inferno, porque é um satanás. Ela disse que o pai e a avó eram evangélicos e já convidaram o pastor para tirar o demônio do corpo da criança, mas não adiantou. Ele riu alto e disse "deixa!", mas havia um olhar assustado naquele rosto enquanto ela falava. Jonathan talvez tenha medo do inferno, mas é um medo que, aparentemente, o faz ser mais rebelde ainda... Mariana teve pena daquela criança. A mãe, contudo, também parece muito desesperançada, triste até.

A catequizanda Evelyn é uma menina que parece não aceitar a sua idade, desejando parecer ser uma adolescente. Chegou excessivamente maquiada e falando no namorado. Foi rude com a avó que a acompanhava. Mariana percebeu que a fala do namorado era desnecessária, parecia mais um aviso do que um comentário. Evelyn, uma menina que, ao que parece, se está fazendo adulta antes da hora. Ela disse que gostava de ouvir funk e também curtir a vida. A avó, Dona Dita, disse que a mãe não foi capaz de dar educação e que ela não conseguia aparecer em casa para visitar a filha. Mariana sentiu o coração apertar e ficou parada, olhando, sem saber nem o que dizer.

Edson é filho da Paula e do Valdir. Mariana conhece muito bem o casal. Eles participam muito nas atividades da paróquia e fazem parte da Pastoral de Acolhida. O irmão mais velho do Edson fez uma experiência vocacional no final do ano. Edson é muito brincalhão, mas também muito inteligente e participa nas atividades da Igreja com muita atenção e respeito. Será bem mais fácil falar-lhe sobre a fé e os valores cristãos! Mariana se sente feliz em ter o Edson em sua turma.

Lilian chegou com a sua mãe e foi uma bênção. Que menina maravilhosa! Ouvia atenta as orientações de Mariana. Ocasionalmente, fazia uma pergunta, quer porque tivesse uma dúvida, quer para ter certeza de que tinha entendido bem o que Mariana havia explicado. A catequista não falou nada, mas bem que pensou: "Por que não são todos como Lilian?".

Ao contrário, as irmãs Amanda e Arielle ficaram o tempo todo caladas. Elas simplesmente não desgrudavam os olhos do celular. Pareciam que estavam hipnotizadas. Mariana ficava nervosa só de olhar. Amanda estava tão absorta nos aplicativos que quando Mariana lhe perguntou qual era o nome dela, a menina não sabia o que lhe perguntaram.

A mãe delas, por sua vez, disse que elas são assim mesmo e não se mostrou muito colaborativa. Até porque ela também ficava toda hora mexendo no aparelho telefônico. De concreto, só disse mesmo que elas estavam animadas em comprar a roupa para a Primeira Eucaristia e se ia demorar muito para isso acontecer. Quando Mariana tentou argumentar, a senhora se desculpou e saiu para atender uma ligação.

> *Thales é um menino com um olhar vibrante. Ele não falou nada de seus pais. Veio sozinho e prestou muita atenção a tudo o que se falou no encontro de apresentação. Muito participativo, queria responder a todas as perguntas. Mas não se mostrou muito solícito a conversar com os outros. Mal acabou o encontro, foi embora sem falar com ninguém.*

A realidade contada pela história da Mariana, uma jovem catequista ainda sem muita experiência, é a de muitos catequistas de nossas comunidades que ao iniciar seu ministério se deparam com uma grande diversidade de situações em que os pais e responsáveis pelas crianças também precisam ser iniciados na fé.

Mariana no primeiro encontro da catequese buscou conhecer os catequizandos e suas histórias, porém, percebe-se que pela falta de interesse de alguns a dinâmica adotada não foi tão boa. Apesar de um pouco decepcionada e se questionando se teria capacidade de cumprir com a missão assumida, Mariana sabia que não podia desistir. Deus chama para o seu serviço não os melhores e nem os mais capacitados. Deus chama os disponíveis.

Conhecimentos dos homens a serviço de Deus

O catequista precisa confiar infinitamente no amor e na bondade divinas e a elas se entregar, para que tudo seja obra de Deus. A oração, a intimidade com a Palavra de Deus, a consulta aos documentos da Igreja, a preparação antecipada, a formação continuada, tudo é parte desse serviço sagrado. E o Espírito Santo sopra e direciona as ações. Por isso, cabe perguntar se a catequese deveria ser preparada a partir dos estudos das Ciências da Educação. O que podem os conhecimentos dos homens acrescentar a esse ministério que é, em última análise, fruto da graça de Deus?

A graça divina não destrói a sabedoria humana, mas a completa. As descobertas e invenções humanas – como o carro, o telefone e o computador, por exemplo – podem ser usadas para facilitar o desenvolvimento de uma vida digna e feliz em Deus. O avanço das Ciências é parte da história da humanidade que Deus incorpora ao seu projeto de salvação. A caridade é que fará com que nossos olhos vejam o mundo enxergando a vida como Jesus a vê. E a caridade enternece o nosso coração e nos favorece a pensar modos de construir diálogos entre os homens e Deus: os conhecimentos humanos à luz da vontade de Deus.

Assim, os estudos das Ciências da Educação, ainda que busquem desenvolver meios para fazer com que mais pessoas possam aprender mais e melhor, nos diferentes campos de aprendizagem, seja nas escolas ou nas empresas, também interessam àqueles que colocaram a mão no arado para semear a boa semente da Palavra. Por isso mesmo ao nos depararmos com a história da Mariana que abre este capítulo, vê-se a necessidade de que para ser catequista não basta boa vontade e disponibilidade, é preciso se preparar, estudar esses conhecimentos educacionais que a ciência nos disponibiliza, para preparar melhor e de modo mais efetivo os encontros de catequese, desempenhando da melhor forma o seu ministério. Todo o conhecimento humano pode e deve ser pensado a serviço da catequese, da formação de discípulos missionários. Vida que se realiza nas coisas perfeitas e promove o eterno.

Há muitos estudos pertinentes sobre como fazer as pessoas aprenderem mais e melhor. Diferentes campos do saber se têm preocupado em desenvolver metodologias e instrumentos que facilitam as aprendizagens. Além disso, é importante destacar também que o mundo mudou muito e as pessoas também. Hoje enfrentamos desafios que não existiam há alguns anos. Diante da realidade contemporânea, as pessoas – de modo especial, crianças e jovens – não aprendem as coisas como outras pessoas aprendiam antes. A relação cultural com a aprendizagem mudou. E o que inquieta as pessoas também.

Todo o processo de mudança cultural com a aprendizagem se dá, principalmente, porque a sociedade se torna cada vez mais visual e menos leitora: vídeos e áudios tomam o lugar, muitas vezes, de textos escritos. Segundo alguns estudiosos, isso não é necessariamente bom para a humanidade. Enfraquecer as habilidades leitoras é sempre uma perda. Contudo, o fato é que algo mudou no modo como as pessoas aprendem as coisas e entram em contato com os conhecimentos e com o mundo.

Para pensar

Vale a pena pensarmos um pouco sobre as seguintes questões:

- Interessam todas essas mudanças àqueles que estão totalmente voltados a serviço da comunidade de fé?
- Não somos nós fiéis às coisas eternas e essas nunca mudam? Então, por que mudar algo no modo como eu realizo meu trabalho como catequista?
- Eu sou alguém que se preocupa com o que ocorre no mundo e reflito nisso à luz da minha identidade cristã?

A VIDA DO OUTRO NOS COMOVE

A palavra "comover", da língua portuguesa, é bem interessante. Ao pé da letra, ela significa "mover ou movimentar junto". Ou seja, quando alguém ou algo nos comove, somos arrastados junto com ele. Comover é, desse modo, indicativo de um movimento. E esse movimento, muitas vezes, parte do coração.

Trata-se de um movimento forte, que nos impressiona e desloca. Ninguém é o mesmo depois de comovido por algo ou por alguém. Comover-se é permitir a companhia de algo ou alguém que, até então, não nos fazia mexer, não andava conosco. Comovidos, caminhamos acompanhados daquilo ou daquele que nos comove.

O catequista precisa ser sensível à realidade dos outros. Devemos nos comover pela sua realidade. O sucesso do ministério de catequista, depende, em grande parte, dessa sensibilidade atenta ao que acontece ao redor e as condições de nossos catequizandos. Por isso, é muito importante que se pense a catequese também como um espaço no qual se promove o acolhimento a pessoa com suas alegrias, decepções e tristezas para ajudá-la a realizar o encontro íntimo e pessoal com o Senhor.

As pessoas que iniciam seu itinerário de Iniciação à Vida Cristã chegam até nós com uma história de vida, com uma realidade em que se construíram – apesar das muitas dificuldades – como pessoas. E isso nos deve comover. Segundo as Escrituras (cf. Rm 12,15), devemos nos alegrar com os que se alegram e chorar com os que choram. Não se trata de uma emoção de momento, como quando assistimos a um capítulo importante de uma novela. Trata-se de trazer a história de vida dessas pessoas para os movimentos feitos na ação de catequizar... e no nosso coração.

"Alegrai-vos com os que se alegram; chorai com os que choram" (Rm 12,15).

- Como posso praticar esse conselho nos meus encontros de catequese?

Catequizar é um movimento de construir o modo de ser cristão. O catequizando é um aprendiz da Palavra de Deus e da ação do Espírito Santo. E ainda que seja próprio da Igreja zelar pela vida espiritual, também se exige dos cristãos viverem e sofrerem com o povo, compreendendo a realidade de sua história, buscando construir um mundo mais justo, fraterno e solidário. Pois como nos lembra a carta de Tiago, a fé sem obras é morta (cf. Tg 2,17).

Portanto, a catequese não deve preparar simplesmente para receber um sacramento, mas para compreendê-lo como a consequência de uma adesão consciente à proposta do Reino, vivida na Igreja e na sociedade. Constantemente crescemos na fé e os sacramentos alimentam esse processo. A catequese e todo o processo de Iniciação à Vida Cristã nos desperta, introduz e fortalece para esse modo de viver cristão.

Por isso, não podemos imobilizar os modos de fazer aprender e de experimentar o mistério de Deus. Não podemos ser daquelas pessoas que consideram que só há um jeito de ensinar, o nosso. Temos de ser sensíveis às realidades dos tempos e saber como fazer aprender a Palavra de Deus de acordo com as necessidades do momento em que vivemos e fazendo uso refletido dos mais atuais conhecimentos humanos na área. Desse modo, demonstramos a nossa preocupação em facilitar os processos para que o outro, o catequizando, saiba como agir ao modo de Jesus e não de nosso próprio ponto de vista.

Anunciamos Cristo e a sua Igreja pela catequese que realizamos, não a nossa interpretação pessoal e limitada da fé. Os catequizandos serão discípulos de Cristo, não nossos. Viver para e com aqueles para os quais nos doamos como catequistas significa abrirmo-nos para a disponibilidade de sempre buscar os melhores caminhos para fazer que a aprendizagem se desenvolva e se torne ação no mundo e na história, sob a direção de Deus, que faz a obra crescer. O Apóstolo São Paulo explicou muito acertadamente:

> Quem é, portanto, Apolo? Quem é Paulo? Servidores, pelos quais fostes levados à fé; cada um deles agiu segundo os dons que Deus lhe concedeu. Eu plantei; Apolo regou, mas é Deus quem fazia crescer. Assim, pois, aquele que planta, nada é; aquele que rega, nada é; mas importa somente Deus, que dá o crescimento. Nós somos cooperadores de Deus (1Cor 3,5-7.9).

Essa aprendizagem não pode, portanto, ser vista como uma simples coleção de ritos e procedimentos, mas como um modo vivo de agir e se relacionar com o mundo. A catequese deseja a ação da Igreja em suas diferentes dimensões, integrando-as: a vida pessoal, comunitária, social, religiosa, escolar etc. O catequista coopera com Deus para fazer que a fé se torne um modo de vida pleno. O catequista educa, com responsabilidade e diligência, para tornar o seu ministério digno do Deus que faz a sua obra crescer.

Por isso, o catequista se pensa como aquele que está em constante diálogo com a fé cristã, com a doutrina da Igreja, mas também com o conhecimento e com a realidade do mundo. Não se trata, portanto, de ter de escolher entre os dois, mas de constantemente buscar a perfeita síntese, aquela em que a graça de Deus e a ação do Espírito Santo completa os conhecimentos e acontecimentos humanos. E é isso que a Igreja tem feito no decorrer da história.

Mariana, a catequista de nossa história, certamente se deu conta da diversidade de seu grupo e percebeu que não poderia exigir que todos pensassem ou agissem do mesmo jeito. Isso a despertou para a necessidade de que ela precisaria se formar melhor, buscando os recursos adequados para que nos encontros de catequese pudesse contemplar a todos por meio de suas diferenças.

É esse também o nosso olhar ao falarmos de metodologias ativas nos processos de catequese. Desejamos que os estudos dos diferentes pensadores da educação se integrem à graça salvadora e aos movimentos próprios daquele que oferece a Deus o seu ministério como catequista. Assim, com a ajuda da ciência poder se capacitar mais e melhor para o exercício da missão a nós confiada. Estudo e oração para que sejamos colaboradores de Deus na obra que Ele faz crescer.

Valeu a dica!

Este capítulo foi inspirado e apresenta algumas das ideias de Jacques Maritain, que nasceu em Paris em 1882 e é, talvez, o principal filósofo católico do século XX. Ele e a sua esposa converteram-se já adultos ao Catolicismo. Após a morte de sua esposa, em 1960, o filósofo retira-se junto aos Pequenos irmãos de Jesus, na cidade de Toulusse, na França, onde viria a falecer em 1973. As suas ideias estribam-se, em outros, no pensamento de São Tomás de Aquino. A sua filosofia desenvolve um humanismo cristão, que busca a harmonia entre ciência e sabedoria, entre o humano e o divino. O seu pensamento tem influenciado muitos servos de Deus, inclusive papas. Vale a pena você conhecer mais de suas obras.

2

PRINCÍPIOS BÁSICOS DA CATEQUESE ATIVA

Com este capítulo, querido catequista, queremos ajudá-los a conhecer um pouco mais dos princípios básicos das metodologias ativas e como elas podem ser aplicadas na catequese, por isso vamos buscar responder:

- O que caracteriza a catequese ativa?
- O que são metodologias ativas e qual a sua importância para a catequese?
- Como a catequese ativa se centra na pessoa que aprende?

UM MUNDO DE APRENDIZAGENS

Nós, seres humanos, temos um desejo infinito de conhecimento e, por isso, estamos sempre buscando aprender coisas novas. A curiosidade humana tem impulsionado os estudos, as descobertas e as conquistas da sociedade. O cérebro humano está sempre inconformado, com sede de infinito, desejando saber mais. Esse desejo de conhecimento e de eternidade é graça de Deus.

Nunca achamos que já sabemos de tudo e, também, nunca é tarde para aprender algo. Assim, porque podemos constantemente aprender coisas novas, precisamos manter, em nós mesmos, a curiosidade e a motivação necessárias para alimentar a sede de aprendizagem que temos. A sede de aprender é apenas uma faceta do desejo de infinito e eternidade que o bom Deus colocou em nossos corações.

Há muitos modos de aprender. A educação formal, como ocorre em escolas, faculdades e universidades é uma delas. Talvez aquela que primeiro nos vêm à mente quando o assunto é educação. Mas, o primeiro

23

lugar onde ocorrem aprendizagens, para a maioria das pessoas, não é a escola, mas sim a família. Ela é um núcleo de construção de aprendizagens mais importante, em muitos sentidos, do que a escola. E quando refletimos sobre a educação na fé, sem dúvida os primeiros responsáveis são os pais. Muitas famílias, porém, pelos mais diferentes motivos, enfrentam sérios problemas para serem o espaço de acolhida e educação cristã.

Mas somos educados de muitos outros modos. Sempre podemos aprender algo. Nem tudo o que se aprende foi propositadamente ensinado. Nem tudo o que se aprende é proveitoso para a pessoa. Aprender exige que desenvolvamos discernimento, que separemos o trigo do joio (cf. Mt 13,24-30).

A Igreja oferece espaços para construirmos importantes e proveitosas aprendizagens. A Igreja é educadora. Sem dúvidas, educar é uma das mais valiosas missões em nossa fé cristã.

A catequese é um momento educativo dos mais valiosos. Um aprendiz – catequizando – constrói aprendizagens pela intermediação de um educador da fé, o catequista. Mas essa aprendizagem não é apenas uma doutrina que se sabe, é também uma experiência de vida que se constrói alicerçada na Palavra de Deus e no diálogo respeitoso com a cultura e a realidade locais. Ou seja, não se deve transmitir apenas conteúdos ou fórmulas decoradas, mas especialmente, os valores evangélicos, o perdão, a misericórdia, a doação de vida colocando os dons e talentos a serviço da comunidade e do anúncio do Evangelho.

O catequista é um educador da fé que tem sob a sua responsabilidade o desafio de fazer com que outros aprendam os mandamentos e valores evangélicos ensinados por Jesus, tenham uma vida de oração e profunda espiritualidade, e as pratiquem a ponto de construírem a sua identidade cristã. A relação é de ensino e aprendizagem, sim, a catequese é uma ação educativa da fé, mas em uma situação diferenciada, que faz com que essa relação tenha características específicas que não se encontram em nenhum outro processo educativo.

Para pensar

- Como catequista e cristão, o que eu desejo que os outros aprendam na catequese? O que isso significa em termos de transformação de vidas?

Aprender é mais do que entrar em contato com um conjunto de informações. Isso qualquer site da internet faz! Aprender é transformar a relação da pessoa com a sua própria vida. Trata-se então de desenvolver conhecimentos, habilidades e atitudes que mudam o nosso modo de ser e estar no mundo. Ninguém é o mesmo depois que aprendeu algo. E se nada mudou, por menor que seja a mudança na vida dessa pessoa, é porque nada, de fato, se aprendeu. Na catequese tem-se esse desafio de aprender a viver como Jesus viveu e a absorver o que Ele nos ensinou.

Aprender algo, portanto, não é apenas ser informado ou entrar em contato com novos conhecimentos ou decorar uma lista de conteúdos. Aprender é organizar esses novos conhecimentos na relação que eles estabelecem com aquilo que já sabemos e fazemos. Aprender exige que o conhecimento novo converse com a realidade de quem aprende. Por isso que aprender é um processo social, ou seja, dá-se na relação com outras pessoas, ao se estabelecerem conexões entre diferentes nós e variadas fontes de informação.

Diante disso, podemos recordar da jovem catequista Mariana, que conhecemos no capítulo anterior, e os desafios por ela enfrentados com a diversidade de seus catequizandos. Mariana conversou com Elenice, uma querida amiga, excelente catequista e muito experiente na catequese. Elenice explicou a Mariana que se preparar para ser catequista não envolve apenas pensarmos naquilo que desejamos que os outros aprendam. A catequese é a iniciação a uma vida de fé numa comunidade eclesial concreta.

Mas além disso é necessário refletir em como esses catequizandos irão aprender. Se é importante gastarmos tempo para aprendermos sobre "o que ensinar", não é menos importante pensarmos no "como ensinar". É aí que entram as metodologias. Em outras palavras, Mariana e todos os catequistas precisam conhecer metodologias de desenvolvimento da aprendizagem para fazer seu grupo de catequese aprender e praticar o que aprendem.

Metodologias para fazer aprender

Desejamos que aqueles a quem ajudamos a aprender o façam da melhor maneira. Há diferentes modos de fazer aprender. É o que chamamos de **metodologias**.

Metodologias são grandes diretrizes de ação que servem para orientar os diferentes processos de aprendizagem. Elas se manifestam na relação entre os envolvidos no processo educativo, ou seja, principalmente entre aquele que ensina e aquele que aprende. Esses modos de agir do educador para fazer com que o aprendiz aprenda compõem-se de estratégias, técnicas e abordagens. Essas ações educativas devem ser motivadas por um referencial teórico que traduz certo modo de ver o outro, a educação e o planejamento de processos. Ou seja, para ser um bom educador não basta ter boa vontade. É também necessário ter formação que habilite a fazer aprender.

Aquilo que atualmente temos vindo a chamar de **metodologias ativas** são modelos de construção da aprendizagem que visam desenvolver a **autonomia** e a **participação efetiva** dos aprendizes. O processo de construção da aprendizagem é visto de forma flexível, interligado a múltiplas realidades. Esse processo é visto também como algo híbrido, ou seja, que mistura de modo eficiente diferentes formas de educar, fazendo uso de todas as possibilidades para fazer a aprendizagem acontecer. De modo muito especial, procura combinar a educação presencial com a educação on-line.

As metodologias ativas promovem a prática educacional reflexiva, crítica e comprometida. Elas colocam aquele que aprende como sujeito de sua própria aprendizagem e estão na base da catequese ativa.

A catequese ativa se alicerça em três princípios básicos:

CENTRALIDADE DAQUELE QUE APRENDE
O catequizando, como aprendiz, deve ser o grande autor e ator das aprendizagens.

COLABORAÇÃO
Ninguém aprende sozinho, mas em interação com outros, presentes fisicamente ou de modo virtual.

AÇÃO-REFLEXÃO
A aprendizagem exige experimentar e analisar a realidade, entender a teoria e retornar a essa realidade para fazer uso daquilo que aprendemos.

Essas metodologias não objetivam apenas aos espaços escolares. Ao contrário, elas têm sido muito utilizadas em diversas situações de aprendizagem, como na educação corporativa, por exemplo, em que as empresas desenvolvem em seus funcionários aspectos relevantes da cultura empresarial.

A catequese, como vimos, é uma situação de aprendizagem muito importante e vinculada à construção da identidade cristã. Em síntese, a catequese faz interagir a experiência da vida e a formulação da fé.

As metodologias ativas podem oferecer recursos preciosos e inovadores para que se construam aprendizagens que mudam vidas, construindo essa interação que recusa o excesso da teoria desligada da realidade e valoriza as necessidades vividas no aqui e agora dos catequizandos e catequistas.

Porém, sabemos que não podemos simplesmente transplantar o pensamento escolar para a catequese. A reflexão faz-se necessária para compreender as especificidades próprias da ação educativa de catequizar!

A catequese ativa promove a aprendizagem por metodologias ativas e avança por variados caminhos promovendo uma diversidade de movimentos, tempos e possibilidades que se integram dinamicamente a partir das interações pessoais, sociais e culturais. Combina diferentes propostas em contextos variados, fazendo uso não apenas dos espaços físicos presenciais, mas das possibilidades tecnológicas, como a internet, a televisão e as redes sociais, por exemplo.

O ponto de partida são situações concretas e específicas, próximas da realidade daquele que aprende, para a ampliação e generalização de conceitos, alcançando os níveis mais abstratos. Mas, por vezes, seguindo o percurso contrário, as metodologias ativas fazem uso de ideias mais teóricas para melhor compreender a realidade e refletir sobre ela. Esse modo metodológico de pensar é o coração da catequese ativa.

> ### Não se esquecer
>
> A catequese ativa é um modelo de construção de catequese que visa desenvolver a autonomia e a participação efetiva dos catequizandos na fé e na vida da Igreja.
>
> Princípios básicos:
>
> 1. Protagonismo do catequizando.
> 2. Colaboração.
> 3. Ação-Reflexão.

A catequese ativa coloca a pessoa do catequizando como protagonista, valorizando a experiência de vida de cada um, partindo dela, sempre que possível, para compreender as questões mais complexas. O processo de aprendizagem propõe uma ação – por mais simples que seja – sobre a realidade e deixa em evidência um problema. Ou seja, no encontro de catequese, partir de uma realidade concreta da vida do catequizando (algo comum a sua faixa etária), e a partir dela discutir e refletir como seria a resposta e a atitude cristã.

Avança na compreensão teórica desse problema que se quer entender ou resolver e nas soluções possíveis. Analisa-as, questiona-as à luz dos ensinamentos da Igreja e da realidade da vida cotidiana. É em torno desse problema, compreendido ou resolvido de modo colaborativo e motivando a profunda reflexão a partir das atitudes de Jesus e dos valores evangélicos, que se constrói a aprendizagem na catequese.

Nesse processo, é importante fazer com que os catequizandos interajam e de algum modo participem da reflexão e ou atividade proposta, possibilitando a diversidade de perspectivas e opiniões. Dessa forma é possível construir uma aprendizagem social, em que se alimentam e mantém conexões entre campos, ideias, conceitos e pessoas.

Ao final, devemos pensar no retorno à realidade, para que a aprendizagem se construa, efetivamente, como um modo novo de ver o mundo. As metodologias ativas têm como objetivo integrar realidade à aprendizagem, para que se desenvolva uma nova e mais complexa compreensão da realidade.

Seguimos, então, este esquema:

Consequências da centralidade da pessoa nas metodologias ativas

Assumirmos o protagonismo do catequizando no processo de Iniciação à Vida Cristã, como proposto pelas metodologias ativas, coloca diante de nós alguns desafios. Isso porque, tradicionalmente, o ensino tem o seu centro nos conteúdos que se desejam transmitir. E aquilo que podemos chamar de metodologia da catequese tem assumido esse modo de ensinar, passando conteúdos, e perdendo de vista a vivência e princípio de interação fé e vida.

Educar, em qualquer área, inclusive no que respeita à fé, tem sido considerado sinônimo de transmitir conhecimentos valiosos. O educador – o catequista – detém certos conhecimentos de que o aprendiz precisa ter acesso. E isso é feito pela passagem de conteúdos que o educador faz no processo educativo. Essa é a visão mais comum do que é educar: o educador (professor, catequista, formador etc.) é um transmissor de conteúdos. Qual o erro que ela esconde?

Por nossa própria experiência, sabemos que nem tudo o que se ensina é aprendido. Podemos gastar muito tempo ensinando alguém e, ao final, descobrimos que essa pessoa quase nada aprendeu daqueles conteúdos que nos esforçamos por lhe transmitir. Os motivos para isso são muitos, mas o fato levanta um importante alerta sobre nossa atitude para com os momentos educativos: passar conteúdos não garante (nem facilita!) que o catequizando os compreenda, retenha e, muito menos, que os pratique.

Sobre isso podemos observar que muitos catequistas se esforçam preparando seus encontros e conteúdos a transmitir. Eles realizam a sua preparação estudando, fazendo anotações, porém, ao término do encontro de catequese, ao questionar os catequizandos parece que alguns nada absorveram do que foi refletido. O exemplo do catequista Marcos ajuda a ilustrar essa realidade:

> *Marcos é um catequista muito esforçado. Ele prepara longos e importantes conteúdos. Ele fica, por vezes, até altas horas estudando e fazendo anotações daquilo que irá explicar no seu grupo de catequese. Ele explica de modo apaixonado e o grupo parece prestar muita atenção. Eles realmente gostam de Marcos, mas quando Marcos pergunta alguma coisa do que já foi ensinado, por mais simples que seja, somente um ou outro responde algo. A maioria parece que nem sabe do que se está falando. Marcos tem vindo a se sentir bem frustrado no exercício do seu ministério!*

Mais importante do que ensinar, portanto, é fazer aprender. Essa mudança de perspectiva redimensiona a nossa visão do que é ser educador da fé. **Educador não é o que ensina, mas o que faz o outro aprender**. Esse é o desafio de qualquer projeto educativo, inclusive, o de catequese: fazer com que o outro aprenda, e não só, que guarde na mente e no coração e que transforme o seu jeito de ser e viver na sociedade e na comunidade. E o aprender é o primeiro passo para uma vida transformada pelo Cristo e seus ensinamentos. E o que é aprender? É compreender ao ponto de que o que se aprendeu faça parte de quem somos e, desse modo, o possamos praticar no nosso cotidiano.

O catequista Marcos teria resultados melhores se ele mudasse o foco de seus esforços. Não adianta apenas preparar muitos conteúdos para apresentar ao grupo. Antes, sim, o catequista deve selecionar muito bem o que será refletido, mas deve também investir tempo e esforços em pensar em como fazer com que todos do grupo de catequese aprendam.

Aprender obriga-nos a relacionar informações, conhecimentos e a realidade em que vivemos, tanto na dimensão individual como na social. Essa centralidade dos processos de aprendizagem na pessoa é, provavelmente, o maior diferencial das metodologias ativas. É a sua principal característica e traz consigo algumas consequências importantes.

A primeira consequência é, como dissemos, a *valorização da autonomia daquele que aprende*. Essa autonomia pode ser definida, neste contexto, como a crença de que aquele que aprende tem condições de construir as suas próprias aprendizagens, se for orientado, questionado, motivado e supervisionado por alguém – o educador. Mas essa crença não pode ser uma crendice cega e inconsequente. Ela se sustenta na responsabilidade de desenvolver de modo consciente, planejado e gradativo, essa autonomia junto aos aprendizes.

Cultivar essa crença na autonomia do outro, ao mesmo tempo que se participa ativamente no seu desenvolvimento como educador, é um desafio. A catequista iniciante, Mariana, já mencionada, certamente, como outros tantos necessitam ter essa compreensão. Isto porque ainda que bem-intencionados, muitos catequizandos parecem seguir a regra do menor esforço e acabam prejudicando os planos propostos. É, portanto, necessário refletir bem para fazer do desenvolvimento da autonomia um objetivo bem sério na prática catequética, planejando atividades que permitam que a turma de catequese corresponda, gradativamente, ao que se espera que realizem.

Para pensar

- Como fazer que se desenvolva a autonomia em nossos catequizandos, para que eles sejam capazes de desenhar a sua própria aprendizagem e se responsabilizar por ela?

A segunda consequência de desenvolvermos processos educativos centrados na pessoa do aprendiz e que se relaciona com a anterior é a *(cor)responsabilidade daquele que aprende pelo processo de aprendizagem*; ou seja, a aprendizagem não é mais vista como uma responsabilidade apenas do educador, como se aquele que aprende fosse colocado numa situação passiva em que não tivesse que se envolver e desejar ativamente aprender.

Trata-se de algo que exige esforço planejado da parte de quem ensina. Isso porque, na sociedade moderna, muitas vezes, aprender é visto como algo passivo, como quem assiste a um programa de televisão e apenas recebe informações leves e engraçadas, mudando de canal quando a programação não interessa.

Para que na catequese o processo não seja passivo é importante que, às vezes, o catequista abra espaço para que os catequizandos se autoavaliem questionando-os e mobilizando-os a comentarem como estão se envolvendo – ou não – ativamente no processo, no que melhoraram e no que poderiam ainda melhorar no futuro próximo. É importante também que o catequista pergunte o que eles pretendem fazer para atingir essas metas que desejam e quando pretendem alcançá-las. Após esse diálogo é significativo que o catequista sempre termine com uma palavra de incentivo e confiança nas possibilidades de alcançar seus objetivos, aos catequizandos que o Senhor entregou a seus cuidados. Ainda, sendo o catequista responsável com seu grupo e missão, é também importante à sua prática rezar constantemente para que tais mudanças ocorram.

Há, então, uma atitude que é central a ser desenvolvida nos processos propostos pela catequese ativa: a **responsabilidade**, tanto do educador da fé, em se preparar antecipadamente e de ser uma presença constante durante o processo de construção das aprendizagens, como daquele que aprende, o catequizando, em participar de modo pleno no processo. Naturalmente, essa participação do aprendente será de acordo com as suas possibilidades e deve ser acolhida, incentivada e constantemente orientada pelo educador da fé. Responsabilidade é algo que leva algum tempo para desenvolver, mas é uma atitude essencial para que se possa desenvolver um modo de vida cristão frutífero e proveitoso.

A terceira consequência deste modelo de aprendizagem, centrado no protagonismo daquele que aprende, do catequizando, é que a *aprendizagem deve ser significativa*, ou seja, deve fundamentar-se nos entendimentos dos catequizandos; e a partir desses conhecimentos iniciais é que o educador da fé deve promover a aprendizagem de novos conteúdos catequéticos e informações essenciais à formação de discípulos missionários. Todo o processo de aprendizagem parte, então, daquilo que o catequizando já sabe. Por isso, o primeiro passo sempre é verificar antes de começar o encontro catequético, o que o catequizando já sabe sobre o tema.

Outra consequência importante quando colocamos o catequizando como o centro do processo de aprendizado é que devemos *maximizar todas as oportunidades de aprendizagem visando a qualidade* (e não a quantidade!). Maximizar quer dizer aproveitar ao máximo todos os momentos em que se está aprendendo. Significa também estar atento para encontrar ocasiões novas para construir aprendizagens em que antes não pensávamos ser possível. Isso requer conhecer bem aqueles que desejamos fazer com que aprendam algo. Exige também cuidadoso planejamento das ações, para não desperdiçar nenhuma oportunidade e fazer com que os momentos de catequese sejam benéficos ao máximo.

Por isso, desejamos que o catequizando tenha acesso a novas e importantes informações, mas que ele *desenvolva competências* que façam parte de sua identidade e, a partir delas, possa praticar essas informações que passam a fazer parte de quem ele é.

A figura a seguir faz a síntese do que refletimos até agora:

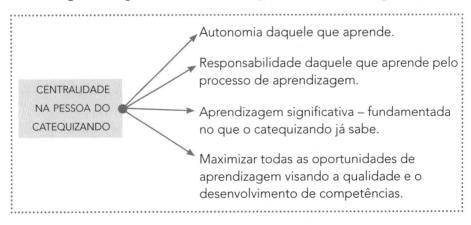

3

METODOLOGIAS ATIVAS E O DESENVOLVIMENTO DE COMPETÊNCIAS

Com este terceiro capítulo queremos aprofundar, caro catequista, alguns conceitos e como aplicá-los nos encontros de catequese, auxiliando assim, alcançar uma efetividade maior junto a pluralidade de nossos catequizandos. Deste modo queremos que você, ao final deste capítulo, tenha condições de responder as seguintes questões:

- O que são competências e qual a sua importância para a catequese ativa?

- O que são conhecimentos, habilidades e atitudes e qual a sua importância para a catequese ativa?

- Como definir competências?

O CONCEITO DE COMPETÊNCIA

Em qualquer processo em que ocorrem aprendizagens, como a catequese, quando nos dispomos a fazer com que alguém aprenda de modo significativo, sem dúvidas, em algum momento pensamos: Por que eles precisam aprender isso? Por que esse conhecimento é mais importante do que outro que eu não vou ter tempo de ensinar? Ou será que eu devo correr com o conteúdo e dar dois encontros juntos? Mas, mesmo assim, o que fazer com o que precisar ficar de fora?

De fato, este é um dos questionamentos mais comuns em todo ambiente educativo e consequentemente na catequese: O que deve e o que não precisa ser ensinado? Há tantas aprendizagens interessantes a construir, mas não há tempo para todas elas durante os encontros de catequese. Alguma coisa sempre vai ficar de fora. Como saber o que cortar? Como ter certeza de que aquilo que incluímos é o que deveria, de fato, ser aprendido?

Na perspectiva das metodologias ativas, conhecimento e ação caminham lado a lado, um interagindo com o outro. Aprendermos algo significa que poderemos fazer alguma coisa com esse conhecimento para construirmos uma vida mais feliz. Em outras palavras, na catequese ativa, consideramos que a aprendizagem somente acontece, realmente, quando conseguimos utilizá-la, de algum modo, na realidade em que vivemos.

O conhecimento transforma vidas. No entanto, precisamos tomar cuidado para não cairmos na cilada do utilitarismo ou de nos agarrarmos a um conceito de eterno imutável, em que os conhecimentos devem ser sempre os mesmos. Sem dúvida, quando falamos da doutrina da Igreja e do mistério da Salvação, isso é imutável. Porém, se tem outros aspectos da fé em que a compreensão vai se amadurecendo ao longo do tempo, de tal modo que é preciso buscar o essencial da fé e também aquilo que te tornas importante para a realidade do meu catequizando, com os seus desafios.

Quando pensamos na vida como uma dádiva do Criador, concluímos que cada um de nós pode, por meio dos conhecimentos, desenvolver um projeto de vida capaz de transformar a sua própria realidade e a daqueles que estão ao seu redor. Transformar para algo melhor, para que todos possam desfrutar de "vida em abundância"! O conhecimento é aprendido quando ele passa a fazer parte de quem somos. E nós precisamos de conhecimentos, não apenas para o aqui e agora, mas também para o futuro. Essa atitude deve estar nos catequizandos, mas, sobretudo, nos catequistas.

O bom senso leva-nos a desenvolver uma atitude ou olhar ativo, isto é, um olhar para o processo catequético que parte do catequista e está centrado na pessoa do catequizando que aprende. Uma atitude que se traduz em ações, dando espaço e oportunidade para que o catequizando possa pensar, refletir e construir as suas próprias aprendizagens e autoria. E isso, mesmo que não se esteja fazendo uso de um determinado método ativo específico. É uma atitude abençoadamente inconformada, que sempre busca o melhor modo de fazer aprender, que se alegra quando os aprendizes aprendem e evidenciam essa aprendizagem. Mas é também uma atitude equilibrada, que sabe que o papel do catequista é de fazer aprender e não de despejar um sem-fim de informações. Há muitos catequistas que desejam que seus catequizandos não apenas passem pela catequese, mas que carreguem consigo os conhecimentos que os ajudam a dar razão e a viverem a sua fé.

A atitude ou olhar ativo é essencial para que as metodologias ativas possam produzir bons resultados junto aos catequizandos e de modo especial durante os encontros da Iniciação à Vida Cristã. Ou seja, seguir um método ativo, como uma receita de bolo, sem ter a adequada atitude ativa de educador ou no nosso caso, de catequista enquanto ministério, apenas fará com que o encontro seja diferente do que usualmente é, mas não garante uma aprendizagem efetiva que, como o semeador do Evangelho, consiga obter trinta, sessenta ou cem vezes mais. E isso é importante por quê?

Vivemos em um mundo de excessos, em que somos bombardeados constantemente pela indústria do consumismo. Um bombardeio de imagens, publicidades e mídias que educam as pessoas para se tornarem consumidores obedientes e compulsivos. Os projetos de vida individuais, reflexivos e autorais se tornam, muitas vezes, apenas o reflexo de uma estratégia de *marketing* de um consumismo que não conhece limites e não respeita a essência do indivíduo enquanto autor criativo de suas próprias caminhadas.

Dentre os catequistas com um olhar ativo e atuante há aqueles que ao longo dos anos de seu ministério, se deram conta de como muitas vezes os jovens assumem projetos de vida que não são, de fato, deles. Projetos que aparecem como o único caminho a trilhar, mas que, na verdade, refletem apenas modismos. Constatam que os interesses mudaram, pois "Antes", a garotada ao responder sobre o que queriam ser no futuro os meninos diziam que desejavam ser jogadores de futebol e as meninas, modelo. Agora, a maioria diz que quer ser *influencer* na internet ou cantor reproduzindo o que acham que vai dar sucesso e dinheiro. Como se a vida fosse apenas isso...

A adequada atitude ou olhar ativo se compromete com o conhecimento e favorece a ruptura desse fluxo. Conhecimento construído que abre a possibilidade de sermos competentes para que possamos desenvolver o nosso projeto de vida de modo reflexivo e autoral. O conhecimento que seja o meio para realizarmos as ações que nos propomos para hoje e para a construção do nosso amanhã. Nesse sentido, a catequese ativa desenvolve um saber que proporciona a possibilidade da construção de um efetivo projeto de vida autônomo e reflexivo.

Mas somente conseguiremos fazer isso, se desenvolvermos as competências adequadas à vida que desejamos construir. Ou seja, é importante desejarmos algo para nós mesmos e para a coletividade a que pertencemos. Também é importante ter conhecimentos que nos permitam projetar o futuro. Porém, é essencial sermos competentes para realizar as ações necessárias para que o nosso projeto de vida se realize, em coerência com a proposta do Reino e dos valores do Evangelho. Trata-se aqui de saber como colocar todo esse conhecimento em prática, assumindo o papel de verdadeiros discípulos missionários de Jesus Cristo.

Sabemos que todas as nossas ações, de diversos modos, repercutem nos outros. As competências que desenvolvermos, embora venha a fazer parte de quem somos, também irão afetar as nossas ações com as outras pessoas. Isso nos leva a pensar que os outros são afetados por aquilo que nos tornamos. Devemos ser responsáveis no desenvolvimento das competências que nos constituem. Como catequistas, devemos assumir a responsabilidade pelas competências que desejamos que os catequizandos desenvolvam.

Mas, afinal, o que é uma competência? Podemos definir uma **competência** como um conjunto de conhecimentos, habilidades e atitudes que são necessárias para, em um determinado contexto, agir ou, em outras palavras, fazer algo. Essas ações é que irão permitir que o projeto de vida do catequizando se transforme em realidade, assumindo os valores evangélicos e o modo cristão de viver. Deste modo, a catequese ativa visa desenvolver competências que possibilitem viver em conformidade com a fé que professam, exercitando os valores do Evangelho tanto dentro do espaço religioso quanto na sociedade em que estão inseridos. Ou seja, faz a pessoa assumir o ser cristão em todas as dimensões de sua vida.

> **Não se esquecer**
>
> Competência é o conjunto de conhecimentos, habilidades e atitudes necessários para realizar uma determinada ação.

CONHECIMENTOS, HABILIDADES E ATITUDES

As competências, portanto, fazem interagir conhecimentos, habilidades e atitudes. Por isso, embora nenhuma dessas palavras nos seja estranha, cabe examinar com mais atenção cada uma delas. Definirmos conhecimentos, habilidades e atitudes irá nos permitir compreender bem o que estamos analisando e aprofundar nas inter-relações possíveis.

Consideramos **conhecimentos** como as informações reconhecidas pelo catequizando (aprendiz) e integradas em sua memória de modo a causar impactos sobre as suas ações e atitudes. É adequado salientar que para tornar-se conhecimento, toda informação transmitida ao catequizando deve ser:

1. Inserida aos conhecimentos anteriores de que esse aprendiz já dispõe.

2. Capaz de permitir a superação de desafios (por menores que sejam) e a transformação da realidade de quem aprendeu.

Habilidades é o conhecimento colocado em prática. Ou seja, uma habilidade é a capacidade de aplicar aquilo que se compreendeu e armazenou na memória em situações reais do cotidiano. Voltaremos a falar mais à frente sobre habilidades, como descrevê-las e como utilizá-las para orientar as nossas decisões educativas e de Iniciação à Vida Cristã.

Já as **atitudes** são os aspectos sociais e afetivos relacionados ao modo como colocamos as nossas habilidades em prática. Envolve, portanto, os sentimentos e as motivações que determinam o nosso modo de agir e as nossas relações com outros. Trabalhar em equipe, lidar com pressões cotidianas, respeitar o próximo, ser educado ao se dirigir aos outros são algumas atitudes muito desejadas no nosso dia a dia.

Em síntese, temos:

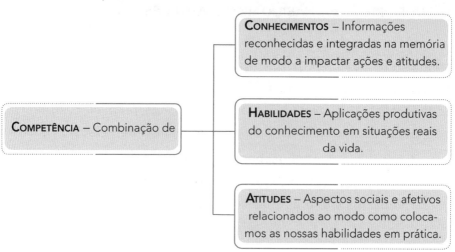

Para pensar

- Que conhecimentos, habilidades e atitudes desejamos que nossos catequizandos desenvolvam no processo de catequese? Por quê?

Para estar preparado para receber os sacramentos da iniciação cristã um catequizando deve ter uma série de conhecimentos e experiências que são construídos, principalmente, nos encontros de catequese. Ali irá aprender coisas importantes para o seu momento presente, mas também para o futuro. O conhecimento de algo não termina em um evento ou numa prova, mas ele projeta-se para a vida da pessoa, acompanha-o ao passo que desenvolve o seu modo de ver e sentir a vida.

Desse modo, não basta saber coisas. Essa criança, jovem ou adulto deve também desenvolver a capacidade de aplicar esses conhecimentos na sua vida cotidiana, ou seja, transformar o conhecimento em ação. Deve conseguir fazer uso desses conhecimentos ao pensar no seu futuro. Somente assim, tais conhecimentos possibilitam desenvolver habilidades.

Finalmente, essa pessoa deve ter uma relação afetiva e social adequada com o compromisso de participar na vida da Igreja. Na dimensão religiosa, as atitudes são muito importantes, porque cremos no poder de Deus de sondar os corações e avaliar as nossas intenções mais secretas. Mas, as atitudes se verificam também naquilo que vemos do outro, no modo de agir em comunidade, no modo como nos comportamos no mundo.

Valeu a dica! Há muito material informativo sobre competências e habilidades. É comum encontrarmos esses conceitos associados ao mundo corporativo, a formações profissionais e ao universo do RH das empresas. Embora sejam necessárias essas atividades, elas apresentam um ponto de vista diferente daquele que adotamos nesta obra. Enquanto as formações profissionais visam à melhoria do desempenho da empresa, aqui, o nosso objetivo central deve ser o desenvolvimento do indivíduo cristão. Assim, faz-se necessário filtrar o que lemos sobre esse tema. Mas, estabelecer critérios antes de estudar algo é necessário sempre, pois constantemente há pontos de vista diferentes sobre um mesmo tema.

Não se esquecer

Conhecimentos são informações que reconhecemos e integramos em nossa memória e que nos causam impacto sobre os nossos comportamentos e atitudes.

Habilidades são as capacidades de aplicar produtivamente os conhecimentos nas ações do cotidiano.

Atitudes são aspectos sociais e afetivos que regulam, motivam e orientam a realização de nossas ações, ao colocarmos em prática os conhecimentos.

Mapeando competências

Quando pensamos nos processos de desenvolvimento de uma catequese ativa, devemos ser cuidadosos em mapear as competências dos catequizandos. Vamos chamar de **mapeamento** à ação diagnóstica de identificar a lacuna existente entre as competências necessárias para realizar determinadas ações e aplicar na prática da vida cristã, e aquelas já disponíveis nos catequizandos, ou seja, que eles já trazem consigo.

Pensemos em um exemplo. Sabemos que o Papa Francisco tem sido uma potente voz a favor do cuidado responsável e amoroso que devemos ter com a vida. Por exemplo, a encíclica *Laudato Si'* publicada em maio de 2015, considera o cuidado que todos nós, cristãos, devemos ter com o meio ambiente e com todas as pessoas. "Cuidar do meio ambiente da comunidade onde vivemos com motivação cristã" é uma competência importante que talvez consideremos valiosa desenvolver na catequese; ainda mais se o fizermos de uma perspectiva profundamente cristã.

Mas, para isso, precisamos antes definir que conhecimentos, habilidades e atitudes consideramos importantes que sejam desenvolvidos nos nossos encontros de catequese. Não teremos tempo, nem condições, para tratarmos exaustivamente o assunto. Apenas para termos uma ideia, somente a encíclica *Laudato Si'* tem mais de 180 páginas. Se quisermos que os catequizandos reconheçam o respeito à criação como parte da prática cristã, mas incorporem esse respeito ao seu projeto de vida, não basta, apenas, transmitir-lhes informações. Temos de desenvolver competências.

O primeiro passo é fazer um recorte das possibilidades de nosso trabalho como catequistas: Que conhecimentos, habilidades e atitudes – efetivamente – nossos catequizandos dão conta de desenvolver com o nosso trabalho? Aqui é importante ter um conhecimento claro do contexto em que vivem esses catequizandos, para ter uma dimensão realista de suas necessidades. Saber onde vivem, como e com quem vivem e qual a sua faixa etária são algumas das informações que podem revelar-se essenciais para definirmos as competências que desejamos desenvolver.

Analisar cuidadosamente essas informações ajuda o catequista a desenvolver uma atitude mais realista sobre o trabalho de catequese a se desenvolver. Poderá estabelecer objetivos realistas e até adaptar alguns encontros de catequese de acordo com as potencialidades e preferências dos catequizandos. Ao se definir os conhecimentos, habilidades e atitudes, é preciso compreender a dimensão exata do desafio que nos espera e nos prepararmos para o que virá!

Para assumir essa proposta desafiadora é preciso saber o que já está desenvolvido no coração e na mente desses catequizandos. Ou seja, que conhecimentos, habilidades e atitudes já foram desenvolvidos anteriormente aos nossos encontros de catequese. O que eles já sabem? O que eles já fazem? O que eles já sentem? Essas e outras questões nos ajudam a saber o que já é significativo na vida deles.

Isso pode ser feito de muitos modos: conversando com os catequizandos, inserindo um momento de "recordação da vida" no início do encontro, incentivando a partilharem fatos e acontecimentos que vivenciaram durante a semana, promovendo uma atividade específica, propondo um caso ou problema (trataremos disso no próximo capítulo deste livro), conversando com os responsáveis, analisando como esses catequizandos se comportam antes ou depois dos encontros etc.

O importante é dispormos de informações para diagnosticarmos, com clareza, a lacuna entre o que precisa ser desenvolvido e o que já está disponível no cotidiano daqueles que serão catequizados. As fontes de informação devem ser variadas e comparadas entre si, por exemplo, podemos colher muitas informações de uma conversa em grupo sobre o que se pensa a respeito de um determinado acontecimento na localidade. Contudo, vale destacar que há temperamentos e personalidades diferentes. Essas diferenças vão influir nos dados alcançados. Por isso, é bom comparar as informações adquiridas de um modo com aquelas que se obteve de outra forma.

Para resultar em um importante objeto de trabalho catequético, esse mapeamento exige planejamento cuidadoso e trabalho árduo, pois ele pode nos fazer, até realinhar o plano inicial. Podemos notar, nesse processo, que os catequizandos estão bem mais adiantados do que imaginávamos (surpresa boa, né?) e sentirmo-nos motivados a avançar em nossos objetivos, indo além do que inicialmente havíamos proposto. Ou, ao contrário, podemos considerar novas necessidades que precisam ser sanadas e sobre as quais não tínhamos ainda conhecimento. Porém, como o nosso desejo maior é promover a aprendizagem e vivência cristã, sentimo-nos gratos por termos descoberto a tempo de resolver, problemas que poderiam impedir o desenvolvimento competente do catequizando.

> ····· **Não se esquecer** ·····
>
> Mapeamento ou diagnóstico é um processo de avaliação que consiste em preparar ações com os catequizandos que permitam identificar a lacuna existente entre as competências que esperamos desenvolver em nossas ações educativas e aquelas, de fato, disponíveis.

DESENHANDO COMPETÊNCIAS

Definir as competências que se deseja que os catequizandos desenvolvam é o primeiro passo de nossa caminhada de catequese ativa. Não se trata de elencar nossos gostos e opiniões pessoais, mas de documentar o perfil de aprendizagem que, efetivamente, se deseja desenvolver. Por isso, é importante que esse trabalho seja partilhado e discutido em equipe, recorrendo ao apoio de documentos e orientações pertinentes.

45

Ainda assim, neste momento importante, evite cair em algumas armadilhas. Para isso:

▶ **Evite os extremos**. Por um lado, descrições muito longas, como muitos termos técnicos de difícil compreensão irão ajudar pouco na prática. Algo como "Rezar solenemente o Pai-nosso antes de ir dormir às 22h, com atitude adequada e sem dar risada nem olhar para os lados, mas mantendo-se concentrado e com o coração aberto para a vontade de Deus, preocupado em ter uma atitude devota e autocentrada e não desejar ficar acordado até mais tarde" pouco ajuda na prática de construir aprendizagens. Por outro lado, obviedade quase irrelevantes ou muito generalizadas também terão pouca utilidade. Por exemplo, dizer que desejamos que o catequizando desenvolva a competência de "Rezar bem" esclarece pouco sobre o que, efetivamente, desejamos que o catequizando desenvolva.

Desse modo, definir como competência algo como "Cumprimentar as pessoas com mais de 72 anos que vivem na mesma quadra e que ganham menos de dois salários mínimos" será tão pouco eficiente como "Respeitar os idosos". Nos dois casos, a descrição da competência não será prática para elaborarmos metodologias ativas, porque não irão orientar as nossas ações como catequistas.

▶ **Seja objetivo**. Evite também verbos que não expressam uma ação concreta, um comportamento passível de ser avaliado. Por exemplo, o verbo "respeitar" é muito vago e abstrato. Melhor substituí-lo por outros verbos que expressem ações concretas e que traduzem o conceito de "respeitar" que temos em mente. Por exemplo, "Cumprimentar as pessoas mais velhas que vivem na minha comunidade quando encontrar com elas" ou "Oferecer ajuda a pessoas necessitadas, mesmo que não nos peçam, conforme nossas possibilidades" são descrições mais específicas e podem ser avaliada em termos de realizações efetivas, ou seja, se o catequizando está colocando em prática ou não.

De um modo simples, a descrição de uma competência deve obedecer à seguinte estrutura:

Desenhar boas competências, que promovam o desenvolvimento de conhecimentos, habilidades e atitudes adequadas é um exercício desafiador. Principalmente, no começo, pode parecer bem difícil, mas com a continuidade dos trabalhos vamos compreendendo melhor o processo e tudo se torna mais simples.

Sempre é bom submeter nossas descrições a outras pessoas, outros catequistas, por exemplo, para que possam fazer um comentário crítico. Isso nos ajuda a evitar aquelas situações em que quem escreveu entendeu o que queria dizer, mas quem lê o que foi escrito se sente confuso. A opinião do outro pode ser de ajuda nesse processo. Contudo, é importante ser criterioso com quem vamos conversar. Trata-se de uma pessoa que, de fato, entende o que desejamos fazer? Alguém muito pessimista pode não ser o melhor interlocutor. O mesmo podemos dizer de alguém que não gosta de nos desagradar e que vai dizer que tudo o que fizermos estará excelente, para não nos entristecer, motivado pelo carinho que tem conosco.

Sobretudo, precisamos de ter persistência para não desanimar. Rezar constantemente pode ser de grande ajuda para que não percamos de vista o motivo pelo qual estamos mudando a metodologia para uma catequese ativa. O processo fica ainda mais fácil ao passo que vamos planejando as nossas ações e colhendo os resultados de nossos esforços.

Para pensar

- Por que vale a pena persistir em nos desenvolvermos como catequistas que promovem aprendizagens ativas?

4

ESTRATÉGIAS METODOLÓGICAS – COMO ORGANIZAR A CATEQUESE ATIVA

Catequista, estamos chegando ao final desta primeira parte do livro, e queremos agora que você compreenda algumas estratégias metodológicas para tornar realidade a catequese ativa. Deste modo, ao final deste capítulo queremos que compreenda e responda:

- O que é um olhar avaliador e por que desenvolvê-lo na catequese ativa?
- Como desenvolver (passo a passo) estratégias metodológicas para a catequese ativa?

O BRILHO NO OLHAR DE QUEM FAZ APRENDER

Pensar na catequese ativa obriga-nos a pensar constantemente no protagonismo daquele que aprende. De fato, é sobretudo o amor ao próximo que nos motiva. Essa aprendizagem é feita sempre na colaboração com outras pessoas que também estão envolvidas nesse mesmo processo, o qual se faz, antes de tudo, em um movimento de ação e reflexão. Para darmos conta desta tarefa, é necessária a elaboração cuidadosa de uma estratégia metodológica. Sobre isso, nos deteremos aqui.

Qualquer estratégia visando as aprendizagens ativas deve sempre ser customizada, ou seja, personalizada ou adaptada à realidade ou ao contexto específico em que os catequizandos irão construir a sua experiência de aprendizagem. Cada encontro de catequese é único. Isso significa que ele é diferente de todos os outros momentos de catequese já realizados. Isso porque cada um se realiza em condições históricas, sociais, psicológicas e espirituais que não se repetem.

Desse modo, o olhar do catequista que tem uma atitude ativa deve ser também um **olhar avaliador**. O que isso quer dizer? Um olhar aberto a tudo ver, que examina o chão em que pisa, mas também o céu em que os pássaros (e os sonhos!) voam. Um olhar atento às pessoas a quem irá se dirigir, ao momento histórico e social em que elas vivem e tomando posse de todas essas informações, faz as melhores escolhas visando ao bem daqueles a cujos cuidados o próprio Senhor lhe entregou. Esse é o olhar necessário para desenvolver a catequese ativa.

"Mas isso eu já tenho, graças a Deus!" pensam muitos catequistas. E é verdade! Há catequistas com muita experiência na catequese, sempre atentos a cada realidade. Sabem que para alcançar o coração dos catequizandos que o Senhor colocou sob os seus cuidados, não basta despejar informações. É preciso, especialmente, estar atentos às mudanças que ocorreram com o tempo e com as diferentes realidades dos catequizandos, pois essas realidades influenciam diretamente no que se aprende nos encontros de catequese. Nesse processo se faz necessário refletir e desenvolver um olhar avaliador.

> ### Não se esquecer
>
> Nas metodologias ativas, a avaliação é uma realidade presente em todos as etapas orientando todas as ações de construção de aprendizagens.

Com os olhos constantemente atentos às escolhas feitas, avaliando a realidade em que se encontra, o catequista poderá construir uma estratégica metodológica ativa, seguindo os passos propostos:

- **Primeiro passo:** selecionar qual será o conteúdo refletido.
- **Segundo passo:** formular objetivos.
- **Terceiro passo:** organizar o processo.
- **Quarto passo:** desenvolver os conteúdos e as habilidades.
- **Quinto passo:** avaliar.

• Primeiro passo: selecionar qual será o conteúdo refletido

O primeiro passo na preparação da catequese ativa é **decidir o que se ensinará.** Selecionar um conteúdo e sua temática exige considerar a sua importância. Mas também se deve levar em conta ou avaliar (de novo essa palavra!) a disponibilidade de informações sobre esse tema: Como eu e os catequizandos que Jesus confiou a minhas mãos poderemos saber mais sobre esse assunto? Onde encontrar informações confiáveis?

Além disso, é também importante pensar no interesse que esse catequizando tem, de fato, no tema. Neste caso, a pergunta que devemos fazer é: "Sim, eu sei que este tema é importante para o amadurecimento na fé do catequizando, mas ele sabe disso? Ele se interessa nesse assunto?". Claro, nem tudo o que aprendemos na vida teve sobre nós um interesse imediato, mas considerar a relação afetiva entre o que se irá fazer aprender e as pessoas que irão aprender nos dará importantes informações que poderão orientar as nossas estratégias como catequistas.

Por isso, é sempre importante manter as linhas da comunicação abertas em uma catequese. Ouvir o pensamento do outro pode ser desafiador. Ouvimos não apenas com os ouvidos, mas com todo o nosso corpo.

Se ao ouvirmos um catequizando, nossa expressão for de incômodo ou repulsa com o que estamos ouvindo, provavelmente essa pessoa não se sentirá motivada a nos contar algo novamente. Ela se sentirá mais inclinada a dizer-nos o que desejamos ouvir e não o que ela realmente pensa. Alguns catequistas precisam fazer uma séria reflexão a respeito, pois as vezes sua sinceridade e algumas coisas que ouvem fazem com que a expressão do seu rosto mude na hora.

Por mais frustrante que possa ser ouvir algumas ideias é bom fazê-lo, na medida do possível, de modo acolhedor e compreensivo. Evitar palavras de julgamento e interrupções desnecessárias também pode ser útil. O olhar afável e que mantém contato visual com aquele que fala é imprescindível. Refletir no modo como Jesus ensinava pode ajudar a melhorar. Jesus era sempre acolhedor com aqueles que dele precisavam.

Claro que não vamos concordar com ideias eticamente equivocadas ou que se afastam do modo cristão de estar no mundo. Jesus tampouco o fez. Contudo, quando damos a palavra para o outro é um momento principalmente de escuta. Isso significa que devemos falar o menos possível e estarmos atentos ao máximo para aquilo que os outros têm a nos dizer. Para lembrarmo-nos do que é dito e, desse modo, mais tarde, após rezar e refletir, orientar as nossas ações.

Assim, respeitamos o momento de vida do outro e nos colocamos à disposição para servir de ajuda, quando o momento for, de fato, oportuno. Deste modo, na maior parte das vezes, frases como "Eu não consigo concordar com o que você diz, mas falaremos mais sobre isso em outro momento" talvez sejam mais apropriadas.

Para pensar

- Como posso melhorar a minha escuta ativa daquilo que os catequizandos têm a dizer?

- ## Segundo passo: formular objetivos

Devemos ter claro o que a sequência de aprendizagens que propomos, de fato, deseja. Uma sequência de aprendizagens ou sequência didática pode ser composta de um ou vários encontros devidamente organizados entre si e com objetivo(s) próprio(s). **Formular objetivos** é o segundo passo no desenvolvimento de uma estratégia metodológica ativa de catequese.

Um encontro de catequese ativa, usualmente, se assenta sobre um dos três objetivos a seguir, embora possam haver outros:

1. Desenvolver conhecimentos sobre as Escrituras e sobre como a Igreja se organiza e funciona para viver o Mistério.

2. Vivenciar práticas que desenvolvam habilidades e competências necessárias para a vida cristã em comunidade local, regional ou até global.

3. Desenvolver valores e atitudes que sustentam e favorecem a vida cristã.

A seleção dos objetivos na catequese ativa deve considerar as realidades da(s) comunidade(s) em que vivem os catequizandos e o que é importante, de fato, que seja desenvolvido. A realidade! Ali deve estar sempre o nosso ponto de partida! Mas, para partirmos da realidade de nossos catequizandos, precisamos conhecê-la. Isso é importante também pois para essa realidade, agora transformada pelo conhecimento, atitudes e habilidades desenvolvidos, voltaremos depois da vivência e construção do momento de aprendizagem.

Isso significa pensar no entorno, nas relações familiares, sociais, culturais e educacionais que se estabelecem. Envolve pensar naqueles a quem a nossa catequese se dirige como pessoas que têm uma vida única, com alegrias, dificuldades e desafios próprios. Para diminuir as condições de dificuldades e atingir bons resultados pode contribuir consultando os catequizandos antes ou durante a elaboração dos objetivos, a fim de identificar melhor as reais necessidades do grupo.

Mas significa também alimentar a esperança, plantando a boa semente e olhando lá para a frente como quem vê os bons frutos já nascendo. E, novamente, temos de alimentarmos o nosso olhar para não perder de foco o que nos faz avançar nestas trilhas. Semear esperança e caridade pode ser também desafiador. Há momentos em que é difícil, em que até para nós mesmos parece difícil ter esperanças... Com o salmista, sentimo-nos inclinados a dizer: "Quanto a mim, eu confio no teu amor! Meu coração exulte com a tua salvação" (Sl 13,6).

> Porém, o olhar brilhando de esperança significa também sermos realistas quanto ao tempo que dispomos e às reais possibilidades que esse tempo nos oferece. Qualquer boa intenção, por melhor que seja, se desfaz em nada se não prestarmos muito atenção às condições possíveis e reais, ao que precisaremos para alcançar nossos objetivos. O olhar ao mesmo tempo avaliador e cheio de esperança é, também, um olhar realista, mas com muita confiança em Deus.

- **Terceiro passo: organizar o processo**

O terceiro passo é **organizar o processo** de construção das aprendizagens de modo que se traduza numa experiência de ação-reflexão. É quando pensamos em como ocorrerá aquele momento de catequese ativa. Quanto mais refletirmos sobre como organizaremos esse processo, melhor o conduziremos depois. Não queremos que os catequizandos fiquem parados o tempo todo olhando para nós, ao contrário, queremos que eles façam coisas nesse momento de aprendizagem. Mas não queremos apenas que eles ocupem seu tempo com atividades ou dinâmicas que eles gostem ou considerem divertidas. Não! Desejamos muito mais pois queremos que essas atividades motivem reflexões profundas e transformadoras na vida e no espírito do catequizando.

Partimos do(s) objetivo(s) já anteriormente definido(s). Isto é, já sabemos até onde queremos chegar. Agora precisamos pensar em como construir a caminhada. Fazemos a pergunta: "Como faço para que o catequizando atinja esse objetivo? Quais os métodos que devo utilizar para que ele se desenvolva?". Escolhas e mais escolhas que deixam os catequistas bem preocupados, pois acreditam que se fizerem uma escolha errada, vai dar tudo errado!

Esse questionamento deve conduzir-nos, constantemente, a adequarmos o tema desenvolvido à realidade do coletivo de catequizandos. É um momento para pensarmos em todas as oportunidades de construir aprendizagem de que dispomos: do espaço e tempo do momento de encontro, aos espaços da comunidade em que os catequizandos transitam, a disponibilidade de acesso à internet etc. É um momento para fazermos pensar na aplicabilidade dos princípios didáticos, nas metodologias ativas e qual delas é a mais vantajosa, qual oferece mais possibilidades para esse momento específico que se irá construir.

Nosso olhar brilhando de esperança, mas sempre realista, deve, todavia, avaliar a disponibilidade de recursos que permitam dar conta de nossas necessidades. Aqui, é sobretudo a **criatividade** que será o instrumento da fé para superar obstáculos e mover montanhas. Criatividade, neste contexto, é fazer uso daquilo que sabemos ou temos à disposição de um modo que ainda não havíamos experimentado visando atingir ao objetivo proposto.

Nos próximos capítulos iremos ver diferentes métodos de aprendizagem ativa. Por agora, podemos pensar que esses métodos podem ser reunidos em três grupos diferentes:

1. Métodos baseados nas experiências de vida do catequizando

São o conjunto de métodos de catequese ativa que têm no seu centro os relatos da vida e as experiências e/ou os problemas do próprio catequizando. Isto é, eles partem da vida do catequizando e buscam, a partir dessa realidade, desenvolver conhecimentos que aprofundem o modo cristão de viver e construir a felicidade.

2. Métodos que analisam casos da realidade local

Aqui o catequizando irá entrar em contato com o relato do outro – seja escrito ou falado, de pessoas na comunidade onde vive. São testemunhos de amigos, de familiares ou de pessoas específicas que sejam exemplo de fé ou de ética na comunidade, como sacerdotes, religiosos ou leigos e que são o ponto de partida para a catequese ativa.

3. Métodos sustentados pelas Tecnologias de Informação e Comunicação (TIC)

São métodos baseados totalmente no que os livros, jornais e outras mídias afirmam e nos projetam para fora da realidade pessoal ou local. Aqui o catequizando desenvolverá conhecimentos teóricos e uma opinião fundamentada sobre um acontecimento que não é, necessariamente, algo que ocorreu na sua comunidade, mas que de algum modo também o afeta, pois ele é cidadão do mundo.

Não se esquecer

O processo de aprendizagem pode relacionar o catequizando (1) com ele mesmo e com as suas experiências de vida; (2) com a realidade local e com aquelas pessoas com as quais ele convive ou (3) com o mundo, com a história, com a sua essência como cidadão global.

Como veremos mais à frente, esta divisão não é tanto uma classificação dos tipos de metodologias ativas de que dispomos, mas o enfoque para onde dirigimos nosso trabalho de catequese ativa. Uma mesma metodologia pode centrar-se na experiência pessoal, em um caso local, em um texto escrito ou numa notícia da internet. Dependerá dos objetivos que desejamos atingir.

Essa divisão é útil para nos mostrar que a vida cristã deve ser vivenciada nos mais diferentes níveis e não apenas em uma única dimensão. A catequese ativa orienta a escolha dos métodos e dos enfoques de acordo com as competências (conhecimentos, habilidades e atitudes) que se desejam desenvolver.

A escolha de um ou de outro método deve ser selecionado pela efetividade; ou seja, **qual o método que produzirá melhores resultados a fim de que os catequizandos atinjam os objetivos propostos considerando a realidade do contexto em que exerço o meu ministério?** A pergunta é longa, mas ela faz parte do cotidiano de muitos catequistas. São aqueles que sempre a utilizam como ponto de partida para pensar nas atividades de catequese ativa que se realizará.

• Quarto passo: desenvolver os conteúdos e as habilidades

Este é o momento de desenvolver os conteúdos, permitindo que o plano feito se realize. O catequista já planejou o que será feito e como o fará. Agora é pôr a mão na massa: ele irá começar a fazer as coisas acontecerem com os catequizandos.

Este momento deve considerar o que ocorrerá no encontro com o catequista, mas também o que pode acontecer fora desse encontro: antes ou depois dele. Um momento de aprendizagem sempre começa antes mesmo do encontro formal e pode se prolongar para além do seu término.

A catequese ativa considera todas as oportunidades de construção de aprendizagem e essas não estão presentes apenas no encontro presencial. Esse pensamento mudou o modo como muitos catequistas exercitam o seu ministério, assumindo como ponto de partida pensar nas atividades de catequese ativa a qual irão realizar. Eles sabem que cada encontro de catequese começa antes de começar. Por isso, pensam sempre sobre o que irão desenvolver nesses espaços antes e depois de cada encontro, para o proveito dos catequizandos.

Como vimos, outra característica central própria da catequese ativa é a autonomia do aprendente. Assim, desenvolver os conteúdos catequéticos deve ter em conta que o catequizando precisa desenvolver e assumir a responsabilidade pela sua catequese. O êxito da construção de aprendizagens na catequese ativa depende dos dois, catequizando e catequistas, em posições e situações diferentes, trabalhando juntos. O desenvolvimento dessa responsabilidade não será imediato, por isso essa competência deve ser constantemente retomada.

Na verdade, nenhuma aprendizagem é imediata. Desse modo, recomendamos o cuidado de manter-se atento, avaliando o andamento dos encontros e buscando identificar os aspectos positivos e negativos que forem surgindo, para que o faça ainda melhor em uma próxima oportunidade.

Valeu a dica! Sobre o exercício da paciência cristã, vale lembrar das palavras de Santa Teresa de Ávila:

"Nada te perturbe,
Nada te espante,
Pois tudo passa,
Só Deus não muda.

Com paciência
Tudo se alcança!
A quem tem Deus,
Nada lhe falta!"

Será importante que o catequista não confie demais na sua memória. Anotações sobre o comportamento dos catequizandos, as suas reações, as dificuldades enfrentadas e os êxitos alcançados podem ajudar muito. Lembre-se: ninguém acerta de primeira, nem mesmo quando as intenções são boas.

Assim, você mesmo descobrirá que o exercício constante será útil não apenas para aqueles que aprendem com você, mas para você mesmo que ensina. Anotações cuidadosas ajudam o catequista a comparar resultados e perceber que o grupo de catequizandos a seus cuidados está, de fato, avançando bem e desenvolvendo habilidades e conhecimentos, mesmo que não seja tão rápido como gostaria.

• Quinto passo: avaliar

Já falamos, desde o primeiro passo que a catequese ativa exige um **olhar avaliador** na nossa face. Avaliar não é uma ação feita apenas no final, para dar uma sensação de que terminamos. Avaliar tampouco pode ser confundido com dar uma nota. Nem sempre avaliar significa notificar, ou seja, transformar as ações do outro em um conceito ou número. Aliás, no dia a dia, raramente, avaliar significa que vamos ganhar um rótulo ou uma nota.

Avaliar é encontrar, constantemente, pontos fortes e fracos visando a melhora constante. Isso se refere tanto aos pontos fortes e fracos do catequista, como os dos catequizandos e, até, de outros que, de algum modo, participam no processo, tais como os familiares, por exemplo. A catequese ativa procura avaliar em 360 graus, ou seja, busca compreender os diferentes elementos que participam na construção da aprendizagem e as relações entre eles. **Avaliar, em uma catequese ativa, é analisar realisticamente o que está ocorrendo ao nosso redor a fim de encontrar o que está bom e o que pode ser melhorado e por quê.**

O objetivo da avaliação, neste caso, é o de compreendermos melhor o processo a fim de que possamos, aos poucos, encontrar caminhos para deixarmos tudo ainda melhor. Muitos catequistas podem sentir certa dificuldade em compreender esse conceito no começo. Isso porque geralmente a compreensão é de que avaliar se reduz a dar um conceito a alunos. Mas avaliar não é isso, é algo muito maior. Envolve todo o trabalho de construção de aprendizagens e não apenas nos resultados atingidos em uma atividade avaliativa.

Além disso, claro, podemos pensar em algum exercício ou atividade final que faça a síntese do que foi vivenciado. Mas essa avaliação final é apenas mais uma entre os muitos modos de avaliar que estiveram presentes em nossa catequese. Avaliar é, antes de tudo, ter uma atitude de zelo e saudável vigilância em relação ao processo de construção de aprendizagens e de formação catequética.

Este momento final de avaliação é algo que deve nos dar uma visão global. Assim, não tenha receio de enfrentar diferentes perguntas que lhe darão uma perspectiva de 360 graus do processo. Algumas perguntas que você poderá se fazer são: O que os catequizandos efetivamente aprenderam? O que eu, catequista, fiz bem que gostaria de repetir em outras situações de construção de aprendizagens? O que precisa ser revisto mais para a frente? Por que eles tiveram dificuldades? Como esses aprendizes poderiam se comprometer ainda mais com o processo?

As respostas podem ser encontradas nas anotações que você fez durante os encontros, em conversas com os próprios catequizandos, na análise das atividades que fizeram ou, até, conversando com outras pessoas.

O quadro a seguir sintetiza a nossa explicação.

ORGANIZAÇÃO DA APRENDIZAGEM ATIVA

1 – Selecionar qual será o conteúdo.

2 – Formular objetivos.

3 – Organizar o processo.

4 – Desenvolver conteúdos e habilidades.

5 – Avaliar.

5 – Avaliação

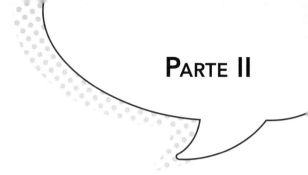

PARTE II

Metodologias para uma
CATEQUESE ATIVA

5

CONHECENDO OS CATEQUIZANDOS

Caros catequistas, ao iniciar essa segunda parte sobre metodologias ativas na catequese, queremos refletir sobre a importância de conhecer os seus interlocutores, e que ao final deste capítulo, você possa responder as seguintes questões:

- O que são contextos de aprendizagem?

- Como identificar as necessidades de aprendizagem?

TRÊS CONTEXTOS DE APRENDIZAGEM

Aceitamos livremente catequizar. O amor nos motiva a abraçarmos este ministério. Sabemos da responsabilidade que é participar na formação de discípulos missionários que irão viver o seguimento a Jesus Cristo. Cada realidade em que agimos como catequistas tem as suas peculiaridades. Antes de pensar no que fazer, temos de refletir muito bem onde estamos, quais as necessidades a atender nos contextos em que nos encontramos.

Para pensar

- Como é a realidade na sua comunidade? Como ela impacta a catequese?

A análise da realidade em que iremos catequizar, isto é, a análise contextual irá identificar elementos que podem favorecer ou dificultar os processos de catequese ativa. Há três contextos de aprendizagem que devem ser de especial atenção:

1. Contexto de orientação: é aquele que diz respeito a tudo o que ocorre antes do indivíduo entrar na catequese, mas que influencia a sua motivação futura e prepara a sua atitude como aprendiz. Trata-se daquilo que se diz sobre a catequese, como os outros a veem e o que falam dela e como isso chega àqueles que irão participar nesse processo.

Nesse sentido, parece ser importante cuidar de que a catequese tenha sempre um bom conceito entre os paroquianos, ou seja, que dela se fale bem e que isso ocorra por ela ser, de fato, espaço de excelência tanto no processo de formação dos conteúdos catequéticos quanto de acolhimento.

Mas refere-se também às realidades vividas por cada catequizando, sua relação com o mundo, com o próximo, com Deus e com a Igreja.

2. Contexto de instrução: diz respeito ao tempo em que ocorre a formação de catequese. Envolve os recursos físicos, sociais e simbólicos que compõem a experiência de viver o encontro de catequese. Envolve desde a preparação do espaço onde ocorrerá esse encontro a como se construirão as aprendizagens catequéticas e o que será utilizado para que esse processo se realize, considerando o protagonismo dos catequizandos.

Aqui cabe uma palavra de cautela: por vezes, no desejo de fazer a aprendizagem acontecer, simplificamos as explicações. O perigo é que essa simplificação distorça a realidade do que se explica. Com a melhor das intenções, poderíamos estar, sem querer, mentindo aos catequizandos. Nosso compromisso com a verdade a torna atrativa e agradável de aprender, mas sem ultrapassar os limites daquilo que ela realmente é. Por exemplo: não podemos adotar na catequese uma "bíblia infantil" (por não ser considerado bíblia), ou reescrever o texto bíblico de uma maneira mais simples, para oferecer uma linguagem mais acessível aos catequizandos e nesta iniciativa cheia de boa intenção privar os catequizandos de aprenderem o vocabulário próprio da Sagrada Escritura e ainda correr o risco de distorcer ou limitar a compreensão do texto.

3. Contexto de transferência: refere-se ao que ocorre depois do encontro, mas que significará a aplicação do que o catequizando aprendeu. Como educadores da fé, podemos pensar em meios para facilitar a retenção de informações depois do encontro. Podemos pensar também em como motivar os catequizando a aplicar aquilo que aprenderam no encontro de maneira coerente, sendo testemunhas dos valores do Evangelho e da ética cristã, algo esperado de um cristão comprometido com a sua crença. Uma coisa é certa: a catequese não termina ao final do encontro de formação.

Para que a catequese aconteça do melhor modo possível faz-se necessário que antes da experiência de aprendizagem, a equipe de catequese e o catequista individualmente realizem uma análise contextual. Isso envolve compreender as características do grupo de formandos, listar as potencialidades e restrições enfrentadas por esse grupo, mas também pela própria paróquia ou instituição. Isso permitirá ter uma ideia clara do que pode ser feito e até superado. Acima de tudo, é importante também identificar as necessidades de aprendizagem, como veremos a seguir.

Esquematizando, temos:

A IMPORTÂNCIA DE SABER A NECESSIDADE DE APRENDIZAGEM

O que os catequizandos devem saber? Que conhecimentos das Escrituras, da doutrina, da moral, da liturgia, dos sacramentos, da oração, da espiritualidade, da missão etc. devem ser aprendidos? Em outras palavras, quais as necessidades de aprendizagem de um catequizando?

Uma necessidade de aprendizagem é sempre uma lacuna entre o que se espera para o futuro de alguém, em termos de conhecimentos, habilidades e atitudes e a situação presente. Mas, essa lacuna, para que seja uma necessidade deve ser percebida e sentida como uma falta, como algo que precisa de uma solução. Assim, o ponto de partida é pensarmos o futuro desse catequizando, que cristão ele será? Como ele refletirá a face de Jesus no seu dia a dia?

Para pensar

- Em sua opinião, quais as necessidades de aprendizagem mais comuns na sua comunidade como um todo?

- Quais ações e conteúdos precisamos investir agora para termos no futuro uma comunidade mais celebrante e participativa?

A Iniciação à Vida Cristã poderá influenciar no futuro da comunidade.

O cristão é uma pessoa transformada pela graça e que se dedica todos os dias para se tornar e realizar a pessoa nova que se origina em Deus. É uma luz na sociedade, praticando o Evangelho no seu modo de agir com os outros. Alguém que vive o amor ao próximo, reconhecendo que esse próximo corresponde à universalidade de toda a humanidade. Amor que supera os ódios e que não desiste de fazer o bem apesar da violência. Ser cristão envolve saber administrar os desafios oriundos da sociedade, alimentando-se da fé e da esperança de um mundo novo e melhor que reflita o pensamento cristão em seu modo de ser e agir. É também alimentar-se da fé e da esperança de um mundo novo e melhor que reflita o pensamento cristão em seu modo de ser e agir.

Assim, tendo claro onde queremos chegar e a realidade presente, definimos as necessidades de aprendizagens de nossos interlocutores. Mas ao passo que o catequista talvez defina de modo bem claro as necessidades de aprendizagem de seus catequizandos é ainda mais necessário que estes, que são aprendizes – aqueles que vão, de fato, aprender – sintam essa necessidade de acolher em suas vidas o aprendizado de maneira que saibam dar a razão de sua fé.

Sem que se sinta que há uma necessidade a ser atendida, qualquer proposta de aprendizagem não será reconhecida com a devida importância. Mesmo que nos esforcemos muito como catequistas. No processo de catequese ativa, há necessidades pontuais, específicas para atender a um determinado momento, e há necessidades de longo prazo e que, normalmente, afetam a vida coletiva, ou seja, a nossa vida com os outros.

Vejamos algumas delas que implicam diretamente no modo como podemos pensar a catequese como espaço de aprendizagens ativas:

1. Falta de conhecimento: quando o catequizando desconhece o que deve fazer ou não retém alguns conhecimentos em sua memória, mas não entende as suas implicações.

2. Falta de habilidade: a pessoa detém informações, ou seja, ela as tem na memória, mas não sabe como aplicá-las na realidade cotidiana. Não ocorre a passagem do conhecimento para a ação.

3. Falta de motivação: a pessoa tem conhecimentos e habilidades. Ela sabe o que deve fazer e sabe como fazê-lo, mas, pelos mais variados motivos, não quer fazer o que sabe.

Além disso, embora não seja uma necessidade de aprendizagem, é importante pensar na **falta de recursos**, ou seja, quando a pessoa não dispõe dos meios (ferramentas, recursos, infraestrutura) para fazer o que sabe fazer.

Quando pensamos os processos de construção de aprendizagens deste modo global, em que aprendizagem não se limita apenas a decorar uma série de informações, estamos em condições de reformular as nossas atividades como catequistas. Estamos construindo catequese ativa. Quando temos essa percepção, não nos conformamos que os catequizandos saibam o Pai-nosso, mas que o entendam e, mais ainda, que o vivam no seu cotidiano, preocupando-se em perdoar os que os ofendem e com o direito ao pão de cada dia que todos têm. Ou seja, queremos que o conteúdo necessário ensinado não seja apenas decorado, mas que seja absorvido e transformado em atitudes concretas na vida.

IDENTIFICAÇÃO DAS NECESSIDADES DE APRENDIZAGEM

Algumas necessidades de aprendizagem são dadas pela própria situação em que o indivíduo se encontra. Se ele vai se deslocar para outra cidade, há uma série de procedimentos que ele deve conhecer a fim de que o consiga fazer eficientemente. Por isso, ele deve ter o conhecimento de mapas e aplicativos de localização. Além de conhecê-los, essa pessoa deve ter a habilidade de saber usá-los no momento certo e sentir-se motivada para isso. Caso ela não saiba ler um mapa ou operar um aplicativo apropriado, ou não disponha desses instrumentos, ela corre o risco de nunca chegar ao seu destino.

Do mesmo modo, se uma pessoa deseja participar ativamente da comunidade cristã em algum ministério ou serviço ela deve ter alguns conhecimentos essenciais e ter as habilidades e a motivação para praticá-los, além de testemunhar a sua fé no cotidiano da vida. Não podemos nos conformar que os catequizandos apenas recebam um sacramento, mas é preciso prepará-los para que eles se sintam motivados em ser e viver a fé cristã numa comunidade concreta.

Porém, como vimos, a lacuna entre o que se espera de um indivíduo e a sua realidade presente é mais ampla do que abastecer essa pessoa com uma série de informações. Deste modo, não é suficiente termos itinerários com os conteúdos necessários para a formação cristã, mas também, nos interessar pela história de vida de cada um, seguindo o exemplo de Jesus em sua interação com as pessoas, para assim aplicar o conteúdo a partir de realidades concretas.

Voltemos ao grupo de catequizandos de Mariana, mencionado no primeiro capítulo. Vamos agora identificar nos relatos que seguem quais são as atitudes de um catequista para adequar o que se espera de um catequizando, tendo presente a sua realidade.

Com a atitude de quem se interessa pela pessoa que a catequista Mariana começou a conversar com a Dona Dita e descobriu uma realidade assustadora sobre a mudança da jovem Evelyn, sua catequizanda, para a casa de sua avó. O padrasto de Evelyn abusava dela e a mãe, com mais cinco filhos pequenos, não sabia o que fazer. Denunciar o marido ou mesmo largá-lo era perder a única fonte de renda que sustentava aquela família, visto que ela estava desempregada e ficava em casa cuidando das crianças, que exigiam a sua atenção. A solução que encontrou foi mandar a filha para a casa da avó, pois ficando distante evitaria o crime.

Claro que isso cobrou um preço alto para Evelyn, que passou a tirar notas baixas na escola e a mudar o seu comportamento. A Dona Dita, pessoa muito simples, não sabe muito bem o que fazer, mantem a esperança de que a neta melhore e supere esse trauma com a catequese.

Mariana chorou muito naquela noite, depois que soube de todo o problema. Ela rezava sem saber sequer no que pensar. Sentia-se oca. Ela procurou apoio na Pastoral de Escuta da paróquia e, juntos, contataram uma paroquiana que é psicóloga, que se dispôs a auxiliar a Evelyn de modo mais personalizado. O apoio também foi importante para Mariana, para que ela se sentisse motivada e capaz de enfrentar os desafios que resultam de famílias muito desestruturadas.

Jonathan, o catequizando que a mãe descreveu a Mariana como um menino impossível e sem limites, é muito irrequieto e vive falando coisas impróprias para sua idade. Mas algumas atividades e dinâmicas que Mariana pesquisou e desenvolveu sobre o amor de Deus e a persistência dela em demonstrar interesse pessoal no menino ajudaram muito.

Outro problema é conseguir a atenção dele: Jonathan se distrai com muita facilidade. Parece que não consegue se concentrar em nada. A catequista está procurando caminhos, com a ajuda do pároco e de uma amiga pedagoga que participa ativamente nas atividades da Igreja, para encontrar o melhor modo de ajudá-lo. A situação ali não é fácil tampouco, mas Mariana se alegra em sentir-se promovendo o amor de Deus junto àquela criança e buscando mudar sua realidade.

Claro, nem todos os problemas são tão graves. Mas estes são problemas concretos com os quais muitos catequistas se depararam no exercício de seu ministério. Por isso é tão importante unir o conteúdo a realidade dos catequizandos. Pois, aquele catequizando que parece indisciplinado ou desinteressado, traz em suas histórias marcas profundas que necessitam de ajuda especializada e de cuidado e confiança em Deus.

Na experiência da catequista Mariana ainda podemos encontrar outros exemplos que podem inspirar a nossa prática em vista de desenvolver uma catequese ativa e atenta às realidades dos catequizandos. Vejamos:

A história de Edson e Thales é um exemplo de como é possível relacionar os interesses dos catequizandos com conteúdos catequéticos e/ou dos documentos da Igreja que orientam a vida de seus fiéis. Edson se tornou amigo de Thales ao conhecê-lo na catequese. Eles funcionam muito bem pesquisando informações juntos e realizando outras atividades. Os dois gostam muito de ciências e tecnologia e, por vezes, é desafiador para Mariana acompanhar as ideias que eles trazem para correlacionar aos conteúdos da catequese, como também as perguntas que apresentam. Mas foi com eles que ela melhor aprendeu que nem todas as perguntas têm resposta. Ela agora já consegue dizer: "Boa pergunta! Eu não sei! Que tal pesquisarmos nos documentos da Igreja, no Catecismo da Igreja, nos pronunciamentos dos papas para ver se há algum princípio que nos oriente para encontrarmos uma resposta?".

Lilian já começou bem. E segue bem. Ela realmente gosta de aprender os ensinamentos da catequese e faz o seu melhor para que tudo corra bem. Às vezes, não entende bem as dinâmicas propostas por Mariana, mas sempre demonstra um espírito colaborativo.

Amanda e Arielle ainda são um desafio para Mariana. As duas são muito introvertidas e pouco ou nada participam nos encontros. Curiosamente, não faltam nunca. E Arielle o outro dia perguntou, meio que do nada, se não era possível desenvolver um aplicativo que fizesse a confissão das pessoas, ao invés de ter que procurar o sacerdote. Mariana riu, pois essa parecia ser uma pergunta típica de Edson e Thales e Arielle quase nada comenta nos encontros. Incentivou Arielle a pesquisar, mas achou melhor ela mesma fazer uma investigação mais detalhada e trazer uma atividade para a turma no próximo encontro, aprofundando o tema do Sacramento da Reconcialiação.

É comum Mariana anotar a pergunta e, no próximo encontro, perguntar para eles como vão de pesquisa. Mesmo assim, toda vez que pode, ela procura uma relação entre o que irão considerar e a inovação e a tecnologia. Mariana sabe que essa perspectiva será um sucesso com os dois amigos. Com o Jonathan também, pois embora não aparente tanto amor pela ciência, também demonstra interesse em alguns temas de tecnologia.

Mariana mantém registros com informações sobre os catequizandos e ela está sempre os atualizando. Ela consulta esses registros antes de se preparar para os encontros, particularmente, quando deseja realizar alguma dinâmica mais elaborada. Por vezes, ela sente que o trabalho é parecido ao de uma formiguinha, mas se alegra com os resultados que começam a aparecer e, principalmente, por estar fazendo o seu melhor em cuidar das ovelhas do rebanho de Jesus que estão ao seu cuidado.

Para pensar

- Que histórias pessoais você tem na sua experiência como catequista?

6

O ENCONTRO DE CATEQUESE INVERTIDO

Neste encontro queremos partilhar com você catequista sobre como preparar um encontro de catequese invertido, como uma forma de aplicar uma catequese ativa, de tal modo, que ao final deste capítulo, você será capaz de responder:

- O que é o encontro de catequese invertido?
- Como desenvolver o encontro de catequese invertido?

INVERSÃO ESTRATÉGICA

O encontro de catequese invertido, mais do que uma metodologia ativa, é um modo de organizar os tempos e espaços de aprendizagem. A ideia é modificar a ordem que considera natural que primeiro se expliquem todos os conteúdos e, depois, só depois, o catequizando vai e realiza a leitura e reflexão do assunto e faz atividades, dinâmicas e exercícios para fixar o que aprendeu.

O que se deseja aqui é justamente o contrário: uma inversão estratégica. Inicialmente, o catequista faz a curadoria, ou seja, a seleção de conteúdos de um determinado tema. Essa seleção deve resultar em um roteiro de estudos e reflexões que se desenvolvem a partir de uma ou duas perguntas-chave. Por exemplo, a partir do relato anterior em que a catequizanda Arielle questionou a catequista Mariana, se seria possível desenvolver um aplicativo para confessar os pecados, dispensando a visita ao sacerdote, encontra-se uma oportunidade de relacionar a pergunta à uma atividade para selecionar informações sobre o Sacramento da Reconciliação e os avanços tecnológicos.

Esses conteúdos podem ser pequenos textos de formatos e gêneros variados. Podem se usar o texto dos manuais de catequese, passagens da Bíblia e do Catecismo da Igreja ou outro documento, mas também histórias em quadrinhos, mapas, fotografias, vídeos etc. É importante ter sempre em mente a realidade dos contextos de orientação (tudo o que ocorre com o catequizando **antes** do encontro de catequese) e de formação (tudo o que acontece com o catequizando **no** encontro de catequese). Mas, aconselha-se a evitar fazer uso apenas de uma coleção de textos escritos. Uma boa curadoria (escolha dos textos que serão utilizados) é o primeiro passo para o sucesso de um encontro de catequese invertido.

> ### Não se esquecer
>
> O catequista como curador disponibiliza proposta de reflexões de um dado tema, a partir de uma ou duas perguntas-chave.

O importante aqui é que os textos sejam curtos e variados e que deem uma ideia básica do conhecimento, ajudando a responder às questões propostas. Essas questões devem ser formuladas de modo a relacionar o conhecimento com a realidade do catequizando. Por exemplo, ao invés de perguntar "O que é oração?", pode-se perguntar "Preciso rezar todos os dias?". A própria pergunta deve dar vontade de saber mais.

Para turmas mais experientes, ao invés de oferecer os conteúdos prontos nos textos selecionados no trabalho de curadoria, pode-se propor um roteiro de pesquisa, dando as fontes onde esses temas são desenvolvidos. Muitos catequistas fazem isso com frequência ao identificarem em sua turma catequizandos que se revelam muito dinâmicos e sabem muito bem coletar informações. Cabe ao catequista observar quando seus catequizandos precisam de desafios extras, para se envolverem mais e melhor com sua catequese.

Às vezes, não é tanto o que se diz, mas o como se diz. A pergunta deve ser pensada com atenção e os textos, vídeos, imagens, charges etc.

selecionados devem iniciar o catequizando no assunto. Interessá-lo em querer saber mais. Essa coletânea de textos, com uma ou duas perguntas-chave, deve ser disponibilizada aos catequizandos – por meio de material impresso ou de modo virtual – antes do encontro que irá tratar desse mesmo tema. A chave aqui é a boa preparação.

O ENCONTRO COMO SEGUNDO MOMENTO DO TEMA

O encontro de catequese será, então, o segundo momento em que o tema será tratado. Por isso, o catequista deve considerar o esforço que o catequizando já fez. E como faz isso? Pelo modo como organiza o encontro.

O encontro inicia com o catequizando compartilhando as suas impressões e pontos de vista com os colegas e com o catequista. Isso pode ser feito de variadas maneiras: em duplas ou pequenos grupos ou em rodízio expondo suas ideias para a turma. É importante que se façam registros escritos do conhecimento que se constrói. Claro que haverá os que nada leram ou pesquisaram, mas isso pode dar oportunidade de que aqueles que analisaram o tema antes possam explicar o que entenderam para os que não o fizeram. Vale a pena, mais uma vez, lembrar que também neste caso os catequizandos precisam entrar em um processo de desenvolvimento da competência da responsabilidade pela sua própria catequese.

O catequista deve ter escuta ativa às falas recebidas. Ou seja, deve, primeiro, deixar os catequizandos se expressarem e, depois, partir dessa compreensão para amadurecer o conhecimento deles. Pode também propor dinâmicas grupais, projetos, teatralizações, discussões e a elaboração de sínteses, fazendo uso, inclusive, das anotações realizadas. A participação do catequista permite a todos uma compreensão mais profunda. Mas exige o cuidado de valorizar o esforço que os catequizandos fizeram e não dar a impressão de que ele é que sabe explicar do modo certo.

Há muitos catequistas que sentem dificuldades em ouvir os seus catequizandos, comentando que: "Tem horas que dá nervoso!" e completam dizendo: "Eu sei que eu estou errado de me sentir assim, mas é que tem horas que eles falam umas coisas que eu já tinha explicado e falam tudo distorcido. Fazem umas perguntas totalmente fora do contexto. Dá desânimo. Ou então, inventam umas ideias que você fica pensando de onde saiu tanta imaginação...". Diante de tais situações, muitos catequistas afirmam que rezam sempre antes dos encontros, pedindo que Deus lhes dê um ouvido atento para que saibam prestar atenção não apenas àquilo que o catequizando diz, mas por que o diz.

Nesse processo muitos catequistas descobrem que seu catequizando está só querendo chamar a atenção. Está carente. Há muita falta de caridade hoje no mundo. Ele deseja apenas sentir-se amado, deseja atenção. Então se conclui que nem pensou no que disse. É importante, na prática catequética não aceitar que se construam conceitos errados, mas ao mesmo tempo é essencial desenvolver a paciência para esperar que os conceitos certos se desenvolvam gradualmente. Não adianta falar demais. O segredo é falar na medida certa e essa medida é sempre menos do que a gente gostaria... É fundamental ao catequista que deseja alcançar suas metas aprender a ter paciência e a não desistir na construção das aprendizagens. Dá trabalho, mas vale a pena!

Para pensar

- Que competências, você acredita, se desenvolveriam bem com a sua turma de catequese pelo método do encontro de catequese invertido? Por quê?

Avaliar, sempre avaliar

O momento de fala dos catequizandos talvez não seja o momento para o catequista falar muito. Certamente, considerará que é mais importante escutar e aprender com eles. Aprender o quê? Aprender o que eles pensam e tentar compreender por que pensam assim.

Esse movimento de escuta é, em si mesmo, um modo de avaliar se as etapas estão sendo satisfatoriamente cumpridas e permite identificar dificuldades de aprendizagem que podem ser sanadas nos próximos encontros. O ponto central é engajar os catequizando em questionamentos e resolução de problemas que façam a diferença na caminhada deles.

> ## Não se esquecer
>
> O catequista precisa acompanhar se as etapas estão sendo satisfatoriamente cumpridas e identificar dificuldades de aprendizagem.

Desanimar? Jamais!

Como vimos, a aprendizagem ativa solicita que o catequizando desenvolva uma atitude ativa e autodirigida, sendo motivado a desenhar e regular a sua própria aprendizagem. Esse grau de autonomia não é fácil de conseguir! Muitos adolescentes e jovens e até alguns adultos, lamentavelmente, têm dificuldades reais quando o tema é autonomia. Imaginam que se trate de fazer o que querem, quando querem e como querem. Como se fosse uma liberdade total, sem consequências.

Por isso, o tema da liberdade tem sempre que ser trazido à tona nos encontros de catequese, junto com o tema da responsabilidade, ou seja, trabalhando-os como temas transversais aos que são propostos pelo itinerário catequético de cada paróquia ou diocese. Mas as construções aqui propostas que motivam e orientam a autonomia do catequizando, não são conceitos que se desenvolvem no íntimo da pessoa de uma hora para outra. Isso porque a maioria de nós não aprendeu a ser autônomo.

A autonomia é uma competência que, como qualquer outra, pode – e deve! – ser desenvolvida. Mas, muitas vezes, na escola e até mesmo em algumas famílias não há verdadeiros esforços em desenvolver a autonomia responsável das crianças e jovens. Incentivar as crianças a fazer pequenas tarefas em casa, como secar a louça ou fazer a cama, são atividades que, aos poucos, desenvolvem a autonomia. Lamentavelmente, muitos chegam à vida adulta sem conseguir ser independentes, mesmo com condições favoráveis para isso.

Um reflexo dessa dificuldade atual de desenvolver a autonomia nas crianças e jovens é ver os esforços do catequista frustrados pelos catequizando não se comprometerem com o processo de sua própria formação. Por exemplo, pode acontecer de nenhum deles ter consultado o material e realizado as atividades para reflexão em casa a qual você, catequista, preparou com tanto esforço. Isso, sejamos francos, pode ser muito desanimador.

Não desanime! Saiba que seus esforços serão, gradualmente, recompensados. Aprender autonomia é uma aprendizagem valiosa e ela será desenvolvida, aos poucos, ao passo que insistir e persistir em cultivar aprendizagens ativas e continuar a construir atividades que desenvolvam as competências e habilidades de que os catequizandos necessitam.

Mas o que eu faço se ninguém consultou a seleção de conteúdos que eu preparei? Conceda um tempo, durante o encontro, para que eles façam isso. Chame a atenção ao prejuízo que isso significa para a formação cristã deles e como frustra os seus esforços. Acrescente que você acredita neles e que tem certeza de que algo assim não voltará a acontecer, até porque o prejuízo para todos é muito grande. Em outras palavras, seja firme, mas com ternura.

Aproveite para fazer um exercício de autoavaliação. Será que a seleção feita é convidativa? É adequada ao público? Poderia ser melhorada? Embora a culpa não seja sua, nosso interesse é sempre melhorarmos e produzir aprendizagens que transformem vidas.

7

CATEQUESE ATIVA BASEADAS EM PROBLEMAS

Com este capítulo, querido catequista, queremos apresentar mais uma forma de catequese ativa, utilizando da proposta de um encontro que parta da apresentação de um problema, para se chegar a reflexão da temática programada para ser refletida naquele encontro. Deste modo, ao final deste capítulo, você será capaz de responder:

- Qual a importância de usar problemas na catequese ativa?

- Como usar problemas adequadamente na catequese ativa?

QUANDO O PROBLEMA É O ATOR PRINCIPAL DO ENCONTRO

Transformar problemas no fio condutor dos encontros de catequese ativa é algo que, no começo, pode causar estranhamento. Isso porque estamos acostumados a oferecer soluções a quem nos procura. Como pode ser útil, ao invés de levar respostas, trazer dúvidas para o espaço de catequese? Muitos catequistas poderão pensar: "Mas isso nunca que vai dar certo aqui!".

Fazer de um problema o centro da aprendizagem, no entanto, pode se revelar um meio excelente para fomentar valiosas aprendizagens. Isso porque os problemas, quando bem elaborados e devidamente desenvolvidos no encontro de catequese, trazem dinamismo e atualidade, facilitando o processo de aprender. Saber se relacionar com um problema pode ser muito mais significativo e importante do que conhecer informações.

Contudo, trabalhar com problemas, em um contexto de construção de aprendizagens, como na catequese, pode ser, de fato, desafiador. E o primeiro desafio é tornar o problema protagonista do encontro, o que não é, como dissemos, próprio da nossa cultura. Quebrar esse pensamento comum nos obriga a focarmos em dois aspectos diferentes:

1	2
O planejamento e a construção do problema.	O desenvolvimento do problema no encontro de catequese.

Comecemos pelo planejamento e construção do problema. Um problema pode ser desenvolvido pelo próprio catequista, a partir das necessidades que encontra entre os catequizandos e de acordo com as habilidades e conhecimentos que precisa desenvolver. Pode também surgir das indagações dos catequizandos, ou seja, eles mesmos – orientados devidamente pelo catequista – constroem o problema que irão estudar. Os problemas podem surgir das vivências próprias da comunidade ou da realidade regional ou nacional.

Os encontros promovem a compreensão do problema na sua complexidade e nos seus diferentes contextos. É um problema que afeta apenas ao indivíduo ou é algo que se relaciona com a comunidade? Ele afeta as pessoas do mesmo modo? Por quê? Trata-se de um problema local ou é algo regional, nacional ou, até global? Que conhecimentos são necessários para compreendê-lo? Será possível resolvê-lo?

Compreender um problema leva tempo e exige investigação e escuta atenta. Trabalhar com um problema, da perspectiva das metodologias ativas, não é apenas levar uma pergunta para o encontro: é fazer do problema a estrela desse encontro. Isso requer um método, devidamente pensado.

Convém ter a clareza de que nem todo problema tem uma solução. Por vezes, pode ser útil apenas estudar o problema, sem que se chegue a uma resposta. Pode parecer muito estranho estudar um problema sem chegar a uma resposta. Talvez até para os catequizandos possa ser desafiador, mas, a verdade é que, na vida, nem tudo tem uma resposta. Por isso, por exemplo, falamos dos mistérios de Deus, coisas que, como dizia Santa Teresinha, apenas na pátria celeste compreenderemos.

A APRENDIZAGEM BASEADA EM PROBLEMAS

Denominamos de **aprendizagem baseada em problemas** à metodologia ativa que procura levar os catequizandos a compreenderem um determinado problema e suas possíveis causas e os efeitos sobre outros. Observe que o desafio é compreender o problema, não encontrar a solução para ele. Podemos diante disso nos questionar: "E isso lá adianta alguma coisa?"

Adianta sim (e muito!). Neste caso, o problema deve ser cuidadosamente elaborado pelo catequista que, como educador, procura fazê-lo em função das aprendizagens a desenvolver. Deve ser complexo o suficiente para que os catequizandos possam identificar as características que o definem, explorando-o. Também deve ter relação com a realidade vivida no contexto dos catequizandos.

Para pensar

- Que problemas seriam do interesse de seus catequizandos e poderiam orientar os seus encontros de catequese? Por quê?

A abordagem proposta a ser desenvolvida pelos catequizandos deve ser, necessariamente, plural e organizada por temas e competências. Desse modo, podemos administrar níveis de complexidade crescentes. O objetivo é que os catequizandos compreendam as diferentes partes que compõem o problema e construam hipóteses e possibilidades, sem que o problema, de fato, se resolva.

Você poderá estar se perguntando: Como assim?

Imagine que tenha falecido a mãe de um colega de escola. O que pode ser feito para ajudar e essa pessoa que teve uma perda tão séria? Esse é um problema que não tem uma solução fácil nem definitiva. Contudo, a compreensão do problema, com uma profunda reflexão, possibilita formularmos hipóteses. Esse exercício é complexo e nos obriga a fazermos uso de diversos conhecimentos. A compreensão do problema vai desembocar em modos de pensar diferentes que tomam como ponto de partida a mesma realidade: O Evangelho, não apenas conhecido, mas, principalmente, praticado em seus valores e princípios.

Um encontro de catequese ativa que gire em torno do problema da morte, do luto, do apoio àqueles que perderam pessoas queridas pode ser feito a partir da metodologia da Aprendizagem Baseada em Problemas. É um dos muitos exemplos possíveis. Ao final desse encontro, a compreensão do luto e do amor cristão deve sair transformada, mesmo que não tenhamos encontrado uma única e satisfatória resposta para o problema. O debate à luz dos ensinamentos da Igreja e da Palavra de Deus, porém, motivam a aprendizagem e a percepção de que há coisas na vida que não têm uma única e fácil solução.

Para o bom êxito da empreitada, sugere-se que se avance em três movimentos, que passaremos a explicar.

Inicialmente, **o primeiro movimento** compreende a **construção de um roteiro** que indique o que e como deve ser feito. Esse roteiro deve deixar bem clara a conceituação do problema, que precisa ser facilmente identificado pelos aprendizes e deve ter, de algum modo, relação com a realidade em que vivem. Necessita também ser rico em detalhes e exemplos, para facilitar a reflexão.

A catequista poderá imaginar uma cena, com personagens fictícios, que vivem o problema que será estudado no encontro. Tomará cuidado de que os catequizandos se sintam representados com o problema e até com os personagens, mas que não haja uma correspondência direta. Se quer falar de *bullying*, por exemplo, tomará o cuidado de que os personagens não possam ser relacionados às crianças e jovens que participam do encontro. É só pensar em situações as quais tenham relação, na sua origem e nos seus efeitos, com aquela que os catequizandos vivem, sem que, contudo, haja uma identificação direta.

A seguir, **o segundo movimento**, dividido em duas fases. Na primeira, os catequizandos, sozinhos, **constroem as suas hipóteses**. Isto é, eles, sozinhos, tentam pensar em respostas possíveis para o problema proposto e para outros elementos que apareçam no roteiro. Nesse momento poderá estar pensando: "Mas isso é confuso": "Se não era para encontrar uma solução, por que eles começam logo pensando em soluções e sem se importar com as explicações?".

Para entendermos melhor essa questão, voltemos ao exemplo da mãe de um colega de escola que faleceu. É natural prever que, mesmo sem qualquer explicação do catequista, os aprendizes tenham suas ideias a respeito do que poderia ser feito para consolar e ajudar o colega. Essas previsões são as nossas hipóteses. Elas devem ser anotadas para consulta posterior. Este é um momento de pensar nas possibilidades. "E eu fico parado, só olhando?" deverá estar se perguntando agora.

Ao catequista cabe, no entanto, animá-los a buscarem informações adicionais. Por exemplo, faz diferença saber a religião da família? A situação social deles? Por quê? No que isso muda? Faz diferença o fato de eu ser cristão? Por quê? Ao respondermos a essas perguntas, começamos a ter uma dimensão mais ampliada do problema e a identificar temas de aprendizagem. O catequista deve prestar muita atenção para identificar qual o melhor momento, durante o encontro em que essas perguntas devem ser apresentadas. O objetivo é que essas questões ampliem a profundidade da reflexão feita pelos catequizandos.

Também cabe analisarmos, neste momento, ainda que de modo suscinto, o que a Igreja e a Palavra de Deus dizem a respeito. O objetivo é compreender alguns aspectos do problema estudado à luz de fontes autorizadas sobre o tema. É importante, sempre que possível, cruzar ideias do que foi pensado pelos catequizandos, com o que agora se analisa. Neste momento, o problema já está devidamente analisado e estamos então em condições de avançar.

Ainda neste segundo movimento, a próxima etapa, a segunda fase, leva-nos de volta ao problema. Vamos **reler o problema**. Essa nova leitura pode ser feita coletivamente, com pausas do catequista para que se apliquem as informações novas ao que já se sabe. Isso deverá permitir que os catequizando possam reformular as hipóteses inicialmente feitas, tornando-as mais profundas. Assim, vale a pena rever as anotações iniciais e perguntar-se: "O que mudou?". Cabe, então, reformular o que se escreveu e avaliar se o tempo previsto inicialmente para a atividade é suficiente ou se haverá necessidade de ampliar.

Voltemos ao nosso exemplo em que a mãe de um colega de escola teria falecido. Imaginemos que a família do colega é de uma religião de matriz africana. Como isso influenciaria as hipóteses formuladas? E se o colega fosse ateu? Como cristãos, qual deveria ser a nossa atitude? Talvez essa discussão leve a novos temas, tais como: O que acontece na morte? O que é a "ressurreição dos mortos"?

Durante todo o processo, reforce a importância das fontes dos conceitos que forem construídos. Sites de busca da internet, em si mesmo, embora importantes, não são fontes de informação confiáveis.

Valeu a dica!

O Catecismo da Igreja Católica pode ser encontrado na internet! Acesse: https://www.vatican.va/archive/cathechism_po/index_new/prima-pagina-cic_po.html

O terceiro e último movimento deste método é aquele em que, juntos, **catequista e catequizandos, examinam o caminho percorrido**, certificando-se de que se construiu aprendizagem.

É essencial que haja a produção de uma síntese do que se aprendeu e ela pode ser feita de variados modos: coletivamente, individualmente, em duplas etc. Eles poderão escrever um texto (que pode ser de formatos e gêneros bem variados, como um resumo, um poema ou uma postagem para uma rede social).

Em síntese, temos o seguinte quadro:

Momento	Ação	Função
1	Construção de um roteiro	Deixar claro qual é o problema que será estudado.
2	Construção de hipóteses	Compreender, em profundidade e a partir de informações teóricas, os elementos que constituem o problema na sua relação com o mundo real.
	Releitura do problema	
3	Exame da aprendizagem	Reflexão e síntese sobre o que se aprendeu.

Relembramos que qualquer encontro de aprendizagem deve desenvolver conhecimentos, habilidades e atitudes. Assim, o nosso olhar avaliador não precisa se conformar apenas com as informações acumuladas pelos catequizandos, mas pelas habilidades e atitudes que, efetivamente, desenvolveram.

Neste nosso exemplo, ao considerar o falecimento de um colega, é importante observar como os catequizandos se relacionam com o luto e o respeito à dor dos outros. Esse conceito de alteridade, ou seja, de que o outro é um ser totalmente diferente de quem eu sou e merecedor de viver a sua vida em dignidade é uma atitude valiosa que uma atividade como esta pode facilitar o desenvolvimento. Além, claro, de explicitar a fé da Igreja na ressurreição dos mortos.

A **alteridade** é a atitude de reconhecimento de que existem pessoas e culturas que pensam, agem e entendem o mundo de um modo diferente do nosso e que tais pessoas merecem ser respeitadas e tratadas dignamente. É o reconhecimento de que o outro não somos nós, mas que esse outro tem o direito de ser quem ele é. Essa atitude se converte em ações concretas no dia a dia que refletem o nosso modo de pensar. Viver eticamente a alteridade é um passo importante para a formação de uma sociedade que reflita os princípios de caridade e justiça do Reino de Deus.

> **Não se esquecer**
>
> A alteridade é o reconhecimento do direito do outro ser um indivíduo único com as suas especificidades, reconhecendo e praticando o respeito a esse direito.

DOIS CUIDADOS IMPORTANTES!

Dois cuidados ajudarão você a ser mais eficiente no desenvolvimento de métodos ativos com problemas: **equilíbrio** e **flexibilidade**.

Primeiro, seja equilibrado e tome cuidado em **não se perder no excesso de informações** que forem surgindo. Nem todas as informações irão interessar ao processo. Nem todas elas irão produzir conhecimento ou desenvolver habilidades e atitudes.

Sabemos que as informações se transformam em conhecimento quando são integradas pelo indivíduo em sua memória e, ao mesmo tempo, permitem-lhe compreender melhor o mundo em que vive e a superar desafios. Por isso, o cuidadoso roteiro inicial feito pelo catequista deve deixar claro o que se deseja analisar, quais as habilidades e conhecimentos que se deseja desenvolver. Isso estabelece os limites dos caminhos que serão percorridos.

Se houver um excesso de informações circulando, o catequizando terá dificuldade em selecionar e organizar essas informações e elas não se tornarão conhecimento. Assim, embora muita coisa seja conversada, esforce-se para que as ideias importantes sejam, efetivamente, aprendidas. Momentos de recapitulação e o uso de anotações são essenciais nesse processo.

Certifique-se de que seus catequizandos tomem nota dos conhecimentos principais que estão sendo construídos. Forneça informações complementares. Tome o cuidado em ser firme, em seguir o roteiro proposto para que o encontro não se torne apenas um momento de recreação.

Em alguns encontros, uma sugestão é pedir para os catequizandos escreverem um bilhetinho contando o que foi que eles aprenderam no encontro e a parte que mais lhes chamou a atenção. Uma outra atitude importante é sempre repetir ou destacar, ou ainda pedir para repetirem as ideias importantes da temática refletida.

Para pensar

- E você, como motiva os catequizandos a tomarem notas durante os encontros?

Isso não significa que as muitas ideias dos aprendizes não têm valor. Ao contrário, elas são muito importantes, inclusive para que você possa identificar aquilo que é do interesse do seu grupo de catequizandos. O que ocorre é que temos de selecionar o que damos conta de analisar e compreender no tempo de que dispomos.

Pode acontecer, porém, que aquilo que os catequizandos trazem para o encontro seja tão importante que obriga a fazer reformulações no roteiro original. Esse é o segundo cuidado que precisamos tomar: devemos **ser flexíveis à realidade**.

Imaginemos que o seu objetivo, ao tratar do tema da morte da mãe do colega, era falar sobre o amor e o respeito ao próximo. No entanto, com o avançar das discussões fica claro que os seus catequizandos demonstram dúvidas sobre a ressurreição. Talvez considere adequado reformular o seu projeto inicial, para contemplar às necessidades do seu grupo de catequizandos.

O contexto de formação, aquele que ocorre durante o encontro, pode modificar o que definimos antes. Mas temos de ter discernimento para compreender o melhor modo de fazer essa modificação. Na maior parte das vezes, é melhor trazer o tema que preocupa os catequizandos para o próximo encontro de formação. Porém, cada caso é um caso.

Como se vê, o desafio maior é equilibrar a firmeza com a flexibilidade. O trabalho com um método ativo é também uma aprendizagem para o catequista. Ao passo que você colocar em práticas essas metodologias e desenvolver um olhar ativo, irá também desenvolvendo a sua maestria como catequista.

Não se esquecer

A aprendizagem baseada em problemas é um método ativo que se preocupa em analisar um problema e refletir sobre ele. Isso é o mais importante, mais importante até do que a solução. Para a boa realização deste método é necessário que o catequista faça boa preparação, selecionando um problema complexo e adequado a sua turma de catequese. Os encontros de catequese devem girar em torno de compreender profundamente esse problema que pode ser algo real ou possível de acontecer. Ao final, deve-se avaliar as aprendizagens construídas, o que significa, compreender também as atitudes que foram desenvolvidas no processo.

Quando os problemas surgem dos catequizandos

Estimado catequista, com este capítulo queremos refletir sobre a realidade dos catequizandos, que de acordo com cada idade trazem em si angústias, dúvidas e curiosidades e como transformar estas questões em uma oportunidade para iniciar na fé.

Deste modo queremos responder as questões:

- Como transformar os problemas dos catequizandos em catequese ativa?
- O que é problematização e como desenvolvê-la?

Uma conversa reveladora

Vejamos antes de prosseguir na nossa reflexão o que muitos catequistas dizem sentir diante de algumas situações vividas na catequese, por meio do diálogo e de histórias dos catequistas que ilustram o livro.

"Eu... para ser sincera... bem, eu tinha muita dificuldade em deixar as crianças falarem no encontro", confessa a catequista Mariana. *"Eu ficava nervosa, achando que elas ficavam lá falando e eu precisava passar um monte de conteúdos e que não ia dar tempo. Era uma luta! Catequese ativa, para mim, era outra coisa"*, complementa.

"E você superou isso? Como?", pergunta a catequista Elenice.

"Olha, não foi fácil não, viu? Eu tive que me esforçar bastante e rezar muito!", responde Mariana, com um sorriso que ilumina o seu semblante. *"Mas, uma vez, teve uma missa, em que o padre explicou que Jesus falava as coisas certas para as pessoas porque Ele escutava muito bem essas pessoas com quem Ele falava. Jesus se importava em ouvir e identificar as dificuldades de cada um. Eu fiquei tocada*

com essas palavras. Voltei para casa pensando que eu tinha que aprender a ouvir melhor. Eu acho, dona Elenice, que esse é o segredo, saber ouvir".

"Saber ouvir?", repete o catequista Marcos com ar um tanto incrédulo. "Mas você já não ouvia os meninos antes, não? O que foi que mudou?".

"Eu passei a reparar nas ideias que se repetiam nos comentários. Às vezes, eles falavam a mesma coisa de modos diferentes e nem percebiam isso. É porque aquilo era importante para eles. Pude observar também o tom da voz quando eles falavam alguma coisa. Os gestos, o modo como mexiam o corpo, especialmente, as mãos e a cabeça. Isso vai dando dicas do que pode ser importante para uma pessoa quando ela está falando. Assim, era mais fácil separar o joio do trigo do que eles falavam e identificar o que realmente os preocupava", explica Mariana.

"Eita! Então você deve estar reparando a minha cara de preocupado agora..." brinca Marcos.

"Claro que sempre tem um ou outro que parece que está falando para atrapalhar ou que não quer levar o nosso trabalho a sério", complementa Elenice, "mas isso também é sinal de algo: Por que ele faz isso? Na verdade, eu acredito que quando alguém fala, mesmo que pareça que não tem relação com o que estamos conversando, isso já é, em si mesmo, sinal de algo. Tudo o que se fala é sinal de algo. Temos é que identificar, como disse a Mariana, saber ouvir!".

"Falou bonito, dona Elenice!", responde Marcos. "Eu tenho mesmo muito a aprender com vocês duas!" completa.

"Nada, Marcos! Você também é muito abençoado. Seu ministério tem dado frutos maravilhosos! E um deles é quantas coisas que eu aprendo com você... Você deve ser uma excelente catequista na sua comunidade" acrescenta Mariana.

Esta conversa entre os nossos três catequistas revela algo essencial para o exercício da catequese ativa: saber ouvir. Quando Jesus fala "Quem tem ouvidos, ouça!" (Mateus 11.15), Ele certamente está se referindo a muito mais do que apenas ter a capacidade auditiva. Ele nos chama à atenção a respeito da atitude com a qual ouvimos. A escuta atenta de que tratamos neste livro também se centra em desenvolvermos estratégias de escuta ativa e adequada que resultem na melhor compreensão do outro.

No relato da catequista Mariana podemos observar que ela descobriu a importância de prestar detida atenção não apenas naquilo que a pessoa diz, mas também para o seu tom de voz e os gestos que acompanham essa fala. O objetivo é identificar o que é realmente importante nas palavras do outro, o que o motivou a dizer o que disse (ou a não dizer, preferindo calar-se!).

Outra estratégia que produz bons resultados é, durante a escuta, prestar atenção não apenas às palavras que se repetem, mas às ideias que vão se repetindo. Às vezes, o que inquieta o grupo é o mesmo, apenas dito de modos diferentes. Se alguém repete várias vezes algo, mesmo que com palavras diferentes, é porque isso é, de algum modo importante para ele.

O olhar, os gestos, o tom da voz, até os silêncios que se formam, tudo grita informações para o catequista atento. Claro, pode ser que em um único encontro não se tenham todas as respostas que se desejam, mas a atitude atenta e constante pode revelar aspectos essenciais que tornarão a caminhada mais frutífera.

A atitude atenta de escuta é essencial em todo o processo ativo de catequese, mas ele é particularmente importante ao pensarmos nos métodos de problematização, como veremos a seguir. Escuta atenta exige a atitude de ouvir não apenas com a mente, mas com o coração devidamente motivado pelo amor. Prepare o seu coração para acolher a palavra, mesmo imperfeita, que o outro confia a você. Reze aquilo que ouve para que o bom Deus permita que você tome as melhores decisões a partir daquilo que ouviu.

Para pensar

- Quais as dificuldades que você tem enfrentado para aplicar a catequese ativa em sua prática?

QUANDO O PROBLEMA É DADO PELOS CATEQUIZANDOS

No capítulo anterior, aprendemos sobre como construir uma catequese ativa baseada em problemas que são elaborados pelo próprio catequista. Neste capítulo, vamos considerar como a catequese pode se organizar a partir dos problemas que são elaborados pelos próprios catequizandos, durante os encontros. O segredo para realizar bem este método, como já comentamos, reside em saber ouvir atentamente o que os aprendizes estão nos dizendo.

Denominamos **problematização** ao método ativo que se elabora em torno de problemas identificados pelos aprendizes a partir da observação da realidade. Esse é, de fato, o primeiro passo: propor uma **observação atenta da realidade**. O resultado é uma catequese baseada em problemas, mas com algumas diferenças fundamentais em relação àquela que estudamos no capítulo anterior.

> ## Não se esquecer
>
> Problematização é o método ativo em que são os aprendizes que, orientados pelo catequista, produzem o próprio problema que irão compreender e solucionar.

Observar a realidade é o exercício de olhar o mundo em que vivemos como parte de um coletivo, isto é, desenvolver a consciência de que fazemos parte de uma comunidade a que pertencemos e, na qual, temos direitos e responsabilidades. A consciência de coletividade não é algo comum hoje em dia. As pessoas tendem, de um modo geral, ao egoísmo e a pensarem apenas em si mesmas.

O espírito evangélico, contudo, move ao amor ao próximo e à construção coletiva. Promove obras investidas de valores éticos e espirituais. Por isso, refletir sobre os contextos da realidade vivida mantendo a inspiração cristã é desenvolver habilidades essenciais para a formação catequética.

Para pensar

- Que realidades em sua coletividade podem ser motivo de reflexão em seus grupos de catequese?

Fruto desse refletir será a construção de um problema pelos aprendizes. Esse problema deve surgir da necessidade de pontes nas relações vitais do ser humano com a sociedade, com a educação, com o trabalho, com a nossa casa comum, com a fé. Deve facilitar que se substitua o individualismo por uma atitude fundada nos direitos humanos, na caridade cristã, na liberdade e na responsabilidade. Atitude que promove o fim da discórdia entre as exigências individuais e as sociais.

Um problema que pense o indivíduo sendo ativamente cristão não apenas dentro do prédio da Igreja, mas nas suas atividades cotidianas: na escola, na família, no trabalho, nas brincadeiras com os colegas etc. A observação da realidade deve, também, considerar a necessidade humana e cristã de alegria, de beleza, de expansão e companheirismo.

Não há dúvidas de que esse processo de observar a realidade exige a atenta escuta ativa por parte do catequista. Procure discernir o ponto de vista daqueles que estão comentando, especialmente, das perguntas que fazem:

- Eles estão, de fato, interessados no que dizem ou há algo por detrás das palavras que proferem que é o que realmente os preocupa?
- Pergunte-se: "Por que eles querem saber isso?".

Na maior parte dos casos, os seus comentários devem ser simples e objetivos. Se, contudo, notar que os comentários feitos pelos catequizandos refletem preconceitos comunitários, talvez seja melhor explicar brevemente o que influencia na formação de opiniões populares, ampliando o ponto de vista dos seus ouvintes. Porém, certifique-se de sempre transmitir informações exatas e, se não souber algo, admita-o. Mas lembre-se de se colocar disponível para pesquisar e apresentar algum tipo de retorno aos catequizandos que demonstre genuíno interesse na pessoa e nas suas necessidades. É melhor assumir que não sabe, do que responder algo que não seja coerente com a resposta correta.

Identificado o problema, a partir da observação da realidade, temos de **encontrar os pontos-chave**. Este é um momento em que os aprendizes, supervisionados pelo catequista, vão definir os aspectos mais relevantes do problema. Aquilo que, efetivamente, eles vão se propor a estudar, a refletir e a resolver.

Esse processo é também o momento de deixar de lado algumas coisas que não há interesse ou tempo para desenvolver. Essa sensação de que algo ficará de lado, pode incomodar a alguns. Fale sempre de modo bondoso, nunca de forma rude ou sem tato.

Certifique-se de que todo o grupo compreendeu esses pontos-chave e de que tomaram nota deles. É importante, na sequência, refletir nas dificuldades e possíveis imprevistos que podem interferir nesse processo de solucionar o problema construído. Por isso, seja realista nas dimensões que, efetivamente, esse problema deve ter.

Ao trabalhar com problematização poderão aparecer propostas, por exemplo, de acabar com as doenças ou a fome no mundo. Isso é muito importante, mas quando esse tipo de proposta aparece por parte dos catequizandos é necessário interagir com eles e gradativamente ir refletindo e discernindo os pontos-chave. Esse processo ajudará a reduzir as pretensões difíceis de atingir e pensar concretamente como podem apoiar os doentes e/ou as pessoas que passam fome. Ainda, o foco da atenção poderá ser direcionado para com as pessoas que participam na vida da Igreja e que, de repente somem por se encontrarem na condição de doentes ou carentes de alimento. Essa compreensão permite relacionar as possibilidades a partir do recorte que se faz. Assim, se torna possível definir um perfil, identificar a necessidade de apoio e que as pessoas que deveriam nos apoiar, talvez não pudessem fazer por estarem envolvidas com outras situações que desconhecemos. Pensar em tudo isso antes de começar, ajuda muito na preparação para o trabalho que será desenvolvido.

Temos o problema, resultado da observação atenta da realidade. Definimos os pontos-chave, limitando esse problema e, portanto, a sua solução. Agora é o momento de estudo teórico, buscando compreender as causas e as consequências do problema e suas inter-relações. É o momento dos conhecimentos que tenham uma relação direta com o problema construído. Conhecimentos que enriqueçam as virtudes e os dons da graça, promovendo a santificação de nossas ações sociais no mundo.

Essa proposta de trabalho na catequese contribui para que os catequizandos aprendam que não se trata apenas de dar cestas básicas ou dinheiro para os pobres!, mas de que as nossas ações se voltem à espiritualidade da graça, participando na liberdade, na sabedoria, no amor de Deus e dos santos. É possibilitar desenvolver ações de amor divino que não se separem do amor fraterno, não dividindo o esforço para a perfeição e para a salvação pessoal daquele esforço atento para a salvação espiritual e para a vida plena e abundante do próximo.

Para que isso se torne possível as nossas explicações teóricas devem sempre fazer essa ponte, essa ligação entre o Sagrado e o cotidiano. Deus vê o que cada um é no seu íntimo e é ali que acontecem as transformações. É o íntimo de cada um que as nossas ações devem atingir!

Os diversos conhecimentos podem vir de fontes variadas da Bíblia, de informativos paroquiais e notícias de sites e redes sociais, de vídeos, de material catequético etc. Tudo deve ser feito para o bem da caminhada dos catequizandos e deve resultar em que se encontrem possíveis soluções.

O próximo passo é, deste modo, a proposta de alternativas para a solução do problema definido. É o momento de relacionar aquilo que se estudou, sob a orientação do catequista, com a realidade vivida e o problema delimitado.

E, finalmente, claro, **a aplicação à realidade** da solução encontrada. Aqui também é ocasião para se refletir. A reflexão orientada pelo catequista deve centrar-se na aplicabilidade da solução encontrada. É importante manter em mente que, por vezes, a solução que se definiu é maravilhosa, mas ela não consegue ser implementada naquele momento. Ela precisará, então, de novas adequações.

Outra reflexão importante a fazer é que ao passo que essa solução for implementada, vão surgir novos e inesperados problemas. Devemos estar preparados para isso e transformar esse momento em mais uma ocasião para aprendizagem.

Valeu a dica! O método que apresentamos aqui foi adaptado para fins de catequese das ideias do professor francês Charles Maguerez desenvolvidas por volta de 1960. Maguerez trabalhava com a capacitação de profissionais analfabetos adultos para o trabalho. Ele procurou desenvolver métodos que adaptasse os processos de aprendizagem profissional às condições ambientais e culturais dos indivíduos, associando a prática alfabetizadora à necessária formação profissional.

Um percurso de cinco passos

O percurso proposto pelo método ativo da problematização que pode ser assim sintetizado:

1. **Observação da realidade** – exercício orientado pelo catequista que desenvolve olhar o mundo em que vivemos, a comunidade a que pertencemos e, na qual, temos direitos e responsabilidades. Conduz à reflexão sobre os contextos da realidade vivenciada e estabelece o trabalho dos catequizandos de construir um problema.

2. **Pontos-chave** – os catequizandos supervisionados pelo catequista, definem os aspectos mais relevantes e as variáveis que podem interferir no processo de solucionar o problema. Quais os conhecimentos que serão necessários? Quais as dificuldades? Serão os elementos principais a ser melhor compreendidos, aquilo que será estudado.

3. **Teorização** – momento centrado na reflexão de conhecimentos teóricos diversos que possibilitem compreender as causas e as consequências e suas inter-relações para elaborar a solução do problema construído.

4. **Hipóteses de solução** – a partir das teorias estudadas, são propostas de alternativas para a solução do problema identificado.

5. **Aplicação à realidade** – promove a reflexão sobre aplicabilidade das várias soluções encontradas e a identificação de novos (e futuros) problemas.

Importante destacar a importância da oração. Podemos dizer que a oração é o sexto passo do método ativo da problematização. Pois, ao final, recordar tudo o que foi discutido e num breve momento de oração incentivar os catequizandos a fazerem preces a Deus, para que os ajude a caminhar como bons cristãos e confiantes em Deus apesar de todos os problemas, que nem sempre dependem de nós para serem solucionados.

9

TRANSMITINDO CONHECIMENTOS COM EFETIVIDADE

Dando continuidade a nossa partilha sobre catequese ativa, queremos com este capítulo refletir sobre a transmissão de conhecimentos de modo efetivo, utilizando a leitura como base para a transmissão da fé. Mais do que oferecer informações sobre como realizar uma leitura, queremos que ao final desse estudo e reflexão os catequistas possam ter recursos tanto para si mesmos, como para orientar e incentivar os catequizandos a lerem e proclamarem a Palavra de Deus e textos litúrgicos, da Tradição da Igreja e seu magistério, da vida dos santos e outros, de tal forma que torne possível compreender além do vocabulário próprio da Igreja, toda a fé recebida e transmitida. Com isso, queremos que ao final de cada tópico você consiga responder às questões:

- Como fazer uma boa leitura em voz alta?

- Como explicar bem em uma catequese ativa?

- Como fazer uso do volume da voz, dos gestos e da expressão facial?

QUANDO O CATEQUISTA PRECISA FALAR

Sabemos que ouvir é uma das atividades mais importantes feita pelo catequista, visando a preparar atividades nas quais o catequizando é atuante e centro da aprendizagem. Contudo, em muitas ocasiões, o catequista deve falar e explicar conceitos variados, muitas vezes, associado a atividade e dinâmicas propostas. A catequese ativa não anula a necessidade de o catequista explicar e ensinar ao seu grupo de catequese.

Há algumas habilidades e estratégias importantes a desenvolver quando estamos assumindo a posição de formador, transmissor de conhecimentos e informações. Sobre isso falaremos neste capítulo.

Talvez você já tenha muita experiência como catequista. A experiência é importante e, certamente, ela deve ampliar a nossa visão dos elementos que constituem um determinado cenário de catequese, visando um amadurecimento na fé e o domínio do conteúdo catequético de nossos catequizandos. Porém, a experiência deve fazer-nos humildes, para reconhecer que sempre podemos aprender e demonstrar progresso em nosso modo de agir, ensinar e fazer os outros aprenderem.

Para pensar

- Que dificuldades você sente em explicar algo para uma audiência?

A LEITURA EM VOZ ALTA

Uma parte significativa do trabalho de catequese envolve ler em voz alta para uma assembleia, para um grupo. A leitura em público deve ser encarada com seriedade, de modo muito especial, a leitura da Palavra de Deus. Devemos ler exatamente o que está escrito, sem pular ou trocar letras, sem omitir ou acrescentar palavras. Para isso é necessária uma preparação antecipada visando garantir a compreensão do contexto. Neste momento, consideramos contexto como o conjunto de palavras, frases e parágrafos que vem antes ou depois de determinada palavra, frase ou texto, e que, de algum modo, contribuem para a compreensão do que está sendo lido.

A preparação antecipada e a compreensão do contexto ajudarão a dar a devida inflexão de voz ao que se lê. Inflexionar quer literalmente dizer "mudar de direção". A inflexão de voz quer dizer que vamos mudar o modo como

> **Não se esquecer**
>
> Ao ler e explicar algo, cuide de sua inflexão de voz. Que o ouvinte perceba claramente o tom de pergunta e de exclamação, por exemplo. Para isso, é essencial preparação antecipada e bastante treino.

estávamos lendo, afastando-nos do tom de voz que estávamos usando, para outro mais adequado àquele trecho do texto.

É sempre bom pensar em como aquele que nos ouvir irá compreender o que formos ler. Assim, talvez consideremos adequado uma pausa diante de um ponto (.), uma vírgula (,), um ponto e vírgula (;) ou dois pontos (:). É também o contexto e o desejo de facilitar ao máximo a compreensão daqueles que nos irão escutar que será essencial para avaliarmos se vale a pena fazer uma breve pausa antes e depois de um trecho entre aspas (" " ou ' ') ou entre travessões (– –) ou se é melhor fazer uma mudança suave no tom da voz ou no ritmo de leitura. O mesmo podemos falar dos parênteses ( ) e dos colchetes [ ]. Eles também pedem uma breve pausa ou uma mudança sutil no tom da voz.

Ainda, sobre o ponto de interrogação (?) vale o cuidado ao se preparar, pois ele pede um tom de voz mais alto ou uma inflexão de voz de questionamento que não pode ser sentida apenas no final da frase em que aparece. Por isso é importante observar a partir de que palavra deve entonar uma determinada pergunta para que ela faça sentido, de acordo com o contexto, a quem for ouvir o que você for ler. Já o ponto de exclamação, por vezes, pede um tom de voz com mais sentimento. Mas não sempre. Para saber quando é melhor inflexionar mais a voz com sentimento, deve-se recorrer ao contexto e notar como a passagem lida ficará mais compreensível.

Por isso, para se desenvolver como um eficiente leitor em voz alta, é necessário treino, ou seja, ter por hábito ler várias vezes o que irá ler nos encontros de catequese, especialmente, os textos da Bíblia.

Vale recordar ainda, que é comum no vocábulo bíblico e na tradição da Igreja ter um vocabulário próprio, decorrente de línguas antigas (hebraico, grego, latim), cujo significado é importante. A leitura antecipada e preparação ajuda ainda a identificar estes termos que podem ser desconhecidos propiciando a busca de compreensão e aprendizagem.

A EXPLICAÇÃO FLUENTE

Denominamos **fluência** a habilidade de ler e falar de modo que as palavras e as ideias fluam leve e continuamente, sem tropeções, nem rápido, nem devagar demais. A pessoa que se expressa de modo fluente não se atrapalha no que diz, nem transmite insegurança em suas palavras, como se não tivesse certeza do que dizer.

> ..... *Não se esquecer* .....
>
> Uma explicação é fluente quando as palavras são ouvidas de modo agradável e contínuo, sem tropeções e no ritmo certo, sem usar de um tom monótono, nem rápido demais, nem lento demais.

Vários fatores podem contribuir para a falta de fluência ao se expressar. Os principais costumam ser: o desconhecimento de palavras ou mesmo de ideias do que se irá dizer e a falta de preparação adequada.

A falta de fluência nas suas explicações facilita que a mente dos ouvintes comece a vaguear e, desse modo, perdem-se muitas informações importantes.

Alguns, ao explicar algo, começam uma frase, aí param de falar, como que se estivessem pensando no que iam dizer e, então, repetem aquilo que acabaram de dizer. Outros explicam muito bem algo, mas antes de concluir a linha de raciocínio, começam a falar de outro assunto. Às vezes, ficam três ou quatro assuntos começados e, com o risco, de nenhum deles ser concluído. Isso é algo que precisa de cuidado no desenvolvimento de nossos encontros com os catequizandos. Devemos ser naturais quando estamos explicando algo, mas tomar o cuidado de que mudanças abruptas de pensamento ou repetições excessivas e desnecessárias cansam a nossa audiência e prejudicam a construção de uma fala fluente.

Além disso, devemos tomar cuidado com as palavras que utilizamos nas nossas explicações, têm realmente o significado que julgamos que elas têm. Para entender melhor leia a experiência de um catequista que, hoje, é engraçada, mas que certamente deu muito trabalho para ele arrumar. Vejamos:

> Eu tinha lido, não sei onde, da luz bruxuleante daqueles que não confiam na Virgem Maria. Eu, confesso, que na pressa, não fui ver o que quer dizer "bruxuleante". Aí estava eu numa preparação para o grupo da Crisma, todo emocionado falando e falando e me deu de explicar sobre a "luz bruxuleante, a luz da bruxaria, dos que não amam Maria". Sabe quando você fala e se escuta e sente que algo está estranho? Pois é, depois do encontro fui ao dicionário e qual não foi a minha surpresa ao ver que "bruxuleante" e "bruxaria" não têm nada a ver uma com a outra. Ai, minha Santa Rita, que vergonha! Mas aprendi a lição...

Para pensar

- Em que aspectos você poderá melhorar a fluência ao explicar algo na catequese?

A EXPLICAÇÃO ENFÁTICA

Para alcançarmos bons resultados na catequese, é importante que nossas explicações além de fluentes, sejam enfáticas, destacando as ideias e palavras que desejamos efetivamente que sejam aprendidas. O realce que damos a algumas partes de nossas explicações, porém, não podem soar de maneira afetada ou empolada, parecendo que aquilo que dizemos é artificial e não vem de nosso coração.

A ênfase adequada do que dizemos tem como objetivo possibilitar que os ouvintes assimilem as ideias mais facilmente. Para esse fim, devemos entender bem aquilo que nos propomos a explicar, a fim de dar a ênfase adequada ao nosso pensamento.

Algumas pessoas acreditam que basta enfatizar as palavras em intervalos regulares de tempo, mais ou menos fixos, quer essa ênfase seja importante ou não. Isso é um erro, porque a ênfase deve ser segundo o sentido do que se diz. Damos ênfase ao que desejamos destacar e ajudar os outros a guardar como informação e isso ocorre de acordo com aquilo que desejamos que a audiência compreenda do que falamos.

Outras pessoas exageram demais no que dizem ou destacam palavras que não há motivo para serem enfatizadas. Algumas usam de uma ênfase afetada, quase que gritando ou usando um tom arrogante. Se não for feita devidamente, a ênfase distrairá a audiência e o catequizando aprenderá pouco e ficará confuso com a falta de clareza.

Para pensar

- Como você poderá tornar o seu modo de explicar mais enfático?

Para sermos bem-sucedidos no uso da ênfase, devemos nos questionar: "Qual a ideia principal daquilo que desejo explicar?". Essa pergunta irá orientar você a escolher quais expressões devem ser enfatizadas. Não se trata de enfatizar aquilo que nós queremos ou gostamos, mas das ideias que colaboram a compreender a ideia principal que se deseja fazer com que a audiência aprenda. Leve sempre em conta a linha de raciocínio que deseja desenvolver para saber que palavras devem ser enfatizadas.

Além disso, tome cuidado ao detectar onde termina uma linha de raciocínio e começa outra. Isto é, onde existe transição de ideias importantes no seu pensamento. Os seus ouvintes ficarão gratos se o uso de pausas, de tom de voz e da ênfase os ajudar a perceberem essas mudanças.

Não se esquecer

Uma explicação é enfática quando realça pelo volume e tom da voz algumas palavras e expressões, facilitando que as pessoas identifiquem as ideias principais e as mudanças nas linhas de raciocínio.

Essas são algumas técnicas que podem contribuir para melhorar a capacidade de se fazer entender ao prestar atenção na ênfase com que realiza a explicação de algo, principalmente, na catequese.

Valeu a dica! Ampliar o vocabulário é também um excelente modo para desenvolver a competência de explicar de modo fluente e enfático, sobretudo quanto ao vocábulo próprio da Igreja. Irá ajudá-lo também a ler melhor em voz alta. Para isso, alargue os seus horizontes:

1. Assista a filmes e documentários: produções mais formais farão você entrar em contato com palavras novas no seu contexto de uso. Isso enriquecerá o seu vocabulário;

2. Leia muito: aproveitar os diferentes tipos de leitura (livros, artigos, revistas, notícias em sites etc.), identificando a linguagem usada neles e por que esse texto lido prefere ser mais ou menos formal, é um modo de melhorar o seu vocabulário; Leia sobretudo os documentos da Igreja, cartas dos papas, vida dos santos...

3. Consulte o dicionário: recorrer ao dicionário permitirá que você compreenda o significado específico de uma palavra que aparece em um texto. Além disso, ajudará você a conhecer mais sinônimos de uma mesma palavra, ou seja, jeitos diferentes de dizer a mesma coisa. Para os textos bíblicos, recorra a uma outra tradução de Bíblia, onde poderá encontrar uma outra versão com sinônimos mais conhecidos.

4. Converse com as pessoas: procure ocasiões para conversar com pessoas de culturas e universos diferentes. Além de podermos aprender muito com elas, enriquecemos o vocabulário.

CUIDADOS COM VOLUME DE VOZ, GESTOS E EXPRESSÕES FACIAIS

Ao precisar explicar algo, nos encontros de catequese, é necessário observar o nosso tom de voz. Alguns catequistas falam baixo demais. Resultado? Alguns catequizandos ficam sonolentos, outros dispersam. Ao contrário destes há os que falam alto demais. Isso também incomoda os ouvintes. Alguns certamente podem considerar parecer que o catequista não respeita as pessoas.

É importante que os presentes, em um encontro de catequese – ou qualquer outro evento – consigam ouvir o catequista com facilidade. Caso contrário, podem se distrair e não entender o que está sendo explicado. Por outro lado, se falar alto demais, pode tornar as explicações irritantes para quem as ouve. Usar um volume inadequado pode também causar problemas na aprendizagem.

É natural que tenhamos, fisicamente, características diferentes. Algumas pessoas, por natureza, têm um tom de voz baixo. Ficar atento à respiração e à postura pode ajudá-las. Sempre que possível, mantenha-se ereto, levante os ombros e respire fundo, enchendo a parte inferior dos pulmões. Ao passo que conseguir regular o suprimento de ar nos seus pulmões, por meio da respiração, conseguirá controlar melhor seu tom de voz, mesmo que ele seja um pouco mais suave.

Alguns, pela sua própria história de vida, falam alto demais. Algumas pessoas estão tão acostumadas a falar gritando que acham que apenas serão ouvidas se falarem bem alto. Se entre os catequistas alguém se reconhece assim, é preciso refletir sobre o que pode fazer, além de empreender esforços contínuos e a oração que possibilitarão que beneficie a si mesmo e outras pessoas que conseguirão ouvi-lo bem.

Para determinar o volume adequado, considere também o tamanho da plateia e as características dessa assistência. Pense também onde se situa o local em que irá falar. Esteja atento à possibilidade de barulhos que desviem a atenção. Aumente o volume conforme a necessidade. Considere também a natureza do que irá explicar. Alguns assuntos pedem uma maneira mais branda e suave de explicar. Outros, já solicitam um tom mais enérgico. Analise o seu objetivo.

A variação de volume e de tom de voz também é necessária para dar ritmo à sua explicação. Algumas pessoas explicam tudo no mesmo tom de voz, o que torna cansativo ouvi-las. Use, então, o volume e o tom de sua voz para "temperar", por assim dizer, aquilo que irá explicar, realçando o bom sabor do que está explicando. Fale de maneira animada, demonstrando que, de fato, acredita no que explica.

Esse jeito entusiástico, mas ao mesmo tempo, cordial e acolhedor é colaborado pelo tom e pelo volume da voz utilizados em uma explicação. Mas também participam nesse resultado, o modo como você movimenta as mãos, os ombros, as pernas – ou seja, o seu corpo – para expressar as ideias, sentimentos, procedimentos e atitudes que deseja transmitir.

Essa ênfase visual e emocional se reforça muito pelo modo como você usa os olhos, a boca e a cabeça ao transmitir os sentimentos daquilo que explica. Cada catequista sabe que, às vezes, a boca diz uma coisa, mas a expressão facial diz outra. "Claro, tem vezes que você está com problemas em casa, com os filhos, com o marido e, então, custa ser simpático e ficar expressando a alegria de amar a Deus,

Não se esquecer

O volume da voz deve ser adequado para que todos, em uma determinada audiência, possam entender o que se está falando, de modo confortável, sem vontade de cochilar, mas também sem irritação.

por exemplo. Mas, na maior parte das vezes, é nosso prestarmos menos atenção a como expressamos no rosto e nos gestos aquilo que dizemos.

Diante disso, devemos ter como objetivo ser naturais na expressão gestual dos nossos sentimentos, transmitindo, também, a convicção daquilo em que cremos. Isso é especialmente importante quando pensamos nas expressões faciais. Pelo nosso semblante (olhos, boca, movimentos da cabeça) podemos transmitir ironia, indiferença, espanto, alegria e até acolhida.

Importante também é manter o contato visual com a assembleia, com o grupo. Enquanto fala, olhe nos olhos de alguns dos catequizandos durante uns poucos segundos. Um olhar de acolhida e respeito, sem ironias ou queixa. O contato visual adequado demonstrará interesse nos ouvintes. Evite olhar apenas para o grupo, esforce-se para olhar para as pessoas individualmente.

Um sorriso caloroso e sincero, acompanhado de palavras adequadas de incentivo, facilita que os outros percebam que somos amigáveis, tornando-os mais receptíveis. Um semblante inexpressivo ou um sorriso forçado pode fazer com que aquele que nos escuta duvide de nossas explicações.

Todos nós podemos nos desenvolver como pessoas que ensinam outras em voz alta, fazendo-as aprender. Fazemos isso por desenvolver uma atitude equilibrada e criteriosa, falando com o sentimento apropriado ao que se deseja fazer com que os outros aprendam.

> **Não se esquecer**
>
> O cuidado com gestos, linguagem corporal, expressão facial, contato visual facilitará a aprendizagem das informações importantes que desejamos explicar.

O exercício cotidiano destes princípios, ao lidarmos com os outros no dia a dia, ajudará a que tenhamos melhores resultados quando tivermos de usar esses mesmos princípios na catequese.

Para pensar

- Como alguém que explica o conteúdo catequético para os outros, em que aspectos eu posso melhorar?

10

CATEQUESE BASEADA EM PROJETOS E EM CASOS

Caro catequista, estamos avançando em nossa reflexão sobre catequese ativa. Com este capítulo queremos explorar mais formas para aplicar o método nos encontros de catequese. Deste modo, queremos após a reflexão proposta, que você consiga responder:

- O que são situações-problema e qual a sua importância?
- Como realizar a catequese ativa baseada em projetos?
- Como desenvolver a catequese ativa baseada em casos?
- Como lidar com temas polêmicos?

A CATEQUESE ATIVA E AS SITUAÇÕES-PROBLEMA

A catequese ativa orienta os catequizandos a desenvolver a competência de perguntar e problematizar o mundo. Por isso, encontramos muitos métodos ativos que se originam a partir de situações-problema. Uma situação-problema é um processo de construção de uma aprendizagem em que se propõe ao indivíduo uma tarefa que ele apenas pode resolver se construir uma aprendizagem específica. Essa aprendizagem é o objetivo que faz o catequista apresentar a situação-problema.

Já estudamos, nos capítulos anteriores, sobre a ABP – aprendizagem baseada em problemas e sobre a problematização. Um problema é uma pergunta, uma questão que nos incomoda e para a qual temos – ou gostaríamos de ter – uma resposta. Saber fazer boas perguntas exige empenho e um olhar atento ao mundo. A principal diferença entre a aprendizagem baseada em problemas e a problematização reside na origem do problema. Na ABP, o problema se origina no catequista; na problematização, o problema é construído pelos próprios catequizandos, orientados pela mentoria do catequista.

Agora, vamos estudar dois outros métodos ativos, muito próximos a estes na sua lógica constitutiva:

> 1. A catequese baseada em projetos.

> 2. A catequese baseada em casos.

Esses métodos também se originam a partir de um problema. A diferença é a forma utilizada para construir esse problema e para fazê-lo se tornar um caminho para aprendizagens significativas, daquelas que fazem diferença na vida do catequizando.

Você pode estar pensando: Tudo é a partir de uma questão, de uma situação problema...Haja problemas! Mas o fato é que muitos catequistas podem ter o hábito de pensar em fazer seus encontros de catequese idealizando transmitir conteúdos, como se os catequizandos fossem uma espécie de página em branco em que se deve escrever as coisas boas de Deus. Mas, eles não são essa página em branco. Cada um tem a sua história·de vida e a sua personalidade que interagem com o que é apresentado no encontro de catequese, tendo, portanto, em um mesmo espaço diferentes reações vindas dos catequizandos.

Começar os encontros de catequese pensando em problemas pode ser algo muito novo para alguns catequistas, mas o fato é que essa metodologia produz resultados muito bons: os catequizandos mais interessados, envolvidos e aplicando na prática o que aprendem...

A verdade é que catequizar é também realizar o trabalho de um educador e são poucos os que apreciam o valor real e duradouro da educação e, ousadamente, podemos dizer que até da formação catequética, quando desconhecem que os encontros não são unicamente para a recepção dos sacramentos, perdendo de vista a compreensão de serem um caminho de Iniciação à Vida Cristã.

Essas reflexões que estamos fazendo nos permitem reconhecer que há uma lógica, um modo de pensar a catequese ativa que é um pouco diferente do modo de se pensar a catequese tradicional. Essa diferença traduz o respeito que se tem à pessoa do catequizando. Ele tem uma personalidade própria e traz consigo uma história de vida. Esses elementos são importantíssimos ao pensarmos a catequese ativa.

Fazer uso de situações problema é um modo que possibilita a esses catequizandos desenvolver uma relação pessoal com o processo de aprendizagem. Isso porque eles precisam encontrar modos de avançar no problema, caso ou projeto proposto. Esse caminho produz aprendizagem a partir de uma proposta que faz interagir a vida e a fé.

Para pensar

- Que benefícios você acredita que a catequese ativa pode agregar ao seu encontro de catequese?

A CATEQUESE BASEADA EM PROJETOS

A catequese baseada em um problema autêntico do mundo real pode se desenvolver a partir de algo que ocorreu na paróquia, no bairro ou mesmo nas redes sociais. O objetivo é que esse problema se torne uma questão orientadora que venha a gerar um produto: um objeto, um cartaz, uma campanha, um evento etc. O caminho até esse produto deve produzir aprendizagens.

O processo de construção de aprendizagens envolve alguns passos importantes.

Apresentado o problema real, cada aprendiz vai pesquisar individualmente esse fato e um tema associado a ele, orientado pelo catequista. Por exemplo, imaginemos que estamos na época da Campanha da Fraternidade. Podemos encontrar uma notícia que se relacione com a tema da campanha desse ano. Analisar essa notícia possibilitará introduzir a Campanha da Fraternidade, destacando como esse tema é atual.

A preparação antecipada feita pelos catequizandos é essencial. Pode-se preparar para eles uma curadoria de textos curtos e variados ou orientá-los sobre onde encontrar informações. Como vivemos em um mundo digital, pode-se propor pequenos vídeos disponível na internet ou ainda preparar jogos ou desafios com os recursos e aplicativos on-line, aguçando de alguma forma a curiosidade e interesse dos catequizandos pela temática a ser desenvolvida (cf. Marchini; Paro, 2021). Vai depender, é claro, da maturidade deles. O processo, como vemos, é parecido àquele que já aprendemos na ABP – aprendizagem baseada em problemas.

Essa pesquisa feita facilitará uma animada discussão sobre o tema. Nessa discussão, o grupo irá decidir qual o produto que irão produzir e qual a efetiva relação desse produto com o problema estudado e refletido. O papel do catequista é central, tanto para monitorar a discussão, como para orientar o grupo na decisão do produto que irão fazer.

Mas a tomada de decisões não para aqui. Agora se faz necessário a construção do projeto e a elaboração dos passos de como ele será elaborado. Esse processo exige a cuidadosa atenção do catequista. Ao final do projeto teremos o produto que terá impacto social, mas os catequizandos terão construído importantes aprendizagens.

Ouvir, tomar notas e selecionar as melhores ideias é um processo que demanda muita atenção. É importante lembrar que o objetivo central é a compreensão da fé e sua vivência. É em função desse objetivo que tudo deve ser selecionado.

Em outras palavras, valorize a aprendizagem. Não há necessidade de pensar em um projeto caro ou excessivamente trabalhoso. Procure a opção que melhor equilibrar custos e aprendizagem. Pense no efeito que esse produto proposto terá na coletividade. Considere a realidade de sua comunidade para incentivar o melhor projeto.

Isso é importante porque o produto deve chegar à coletividade. Por exemplo, se o produto que se pensou for uma série de cartazes educativos, é importante pensar em onde e como esses cartazes serão exibidos para serem vistos pelas pessoas a que se destinam. Ou seja, se pensarmos um cartaz para crianças, ele, naturalmente, será diferente de um cartaz pensado para ser lido por pessoas adultas. Todos esses detalhes devem ser pensados, no coletivo, de antemão.

Assim, pensem também no impacto que o projeto terá no coletivo a que se destina. Se o produto final ficar apenas guardado no fundo de uma gaveta, isso desanimará os catequizandos para os próximos trabalhos.

Todo o trabalho de atividades, execução e entrega do projeto e da análise dos resultados deve ser orientado pelo catequista e conversado com o grupo. Mas é importante destacar que os catequizandos tomam decisões e agem sozinhos ou em equipe. Esse método ocupa vários encontros e, pelo menos, um deles deve ser para a reflexão, avaliação, discussão com outros grupos e atividades para aperfeiçoamento de ideias.

> ### Não se esquecer
>
> A catequese baseada em projetos parte de uma situação real que dá origem a um projeto. Esse projeto é desenvolvido pelos catequizandos, orientados pelo catequista. Durante a execução do projeto, devem se construir importantes aprendizagens. Por isso, o monitoramento do processo pelo catequista é fundamental.

Certamente muitos já realizam a catequese aplicando a metodologia de projetos, mas talvez alguns nem saibam que a estejam utilizando. Trata-se de uma metodologia que oferece mais autonomia aos catequizandos, e posiciona o catequista como apoio, o que exige dele mais atenção na curadoria de textos. Isto porque não pode pedir para eles lerem qualquer coisa, exigindo do catequista estudar e pesquisar antes. Diante disto, muitos projetos podem surgir de uma catequese que utilize essa metodologia para desenvolver temáticas, por exemplo, sobre preconceitos ou violência, conscientização ou de consolo para aqueles que sofreram. Ainda, um projeto sobre arte sacra, como a arte pode nos ajudar a nos aproximarmos de Deus, sobre Maria, sobre as palavras de Jesus que nos dá Maria como a nossa mãe. Muitas são as possibilidades.

Para pensar

- Em que situações você poderia usar a catequese baseada em projetos?

A CATEQUESE BASEADA EM CASOS

Os princípios da catequese baseada em casos certamente já são utilizados por grande parte dos catequistas. Aqui, mais uma vez, interessa manter o olhar focado nas sutis diferenças que orientam este método.

Inicialmente, seguimos passos como se fosse a aprendizagem baseada em problemas. Porém, estamos agora falando de casos. Um caso é uma situação real ou simulada, em que o catequizando não apenas compreende o problema envolvido, mas resolve essa situação-problema.

Podemos associar esse caso a um desafio, tal como um jogo, uma atividade ou a elaboração de um projeto de vida. Claro essa associação não pode ser forçada. Então, temos de pensar bem se conseguimos harmonizar o caso ao que vamos propor com o desafio para o qual iremos construir uma solução.

Aqui também podemos, por exemplo, propor personagens fictícias que se veem às voltas com um desafio. Essas personagens devem manter algum vínculo de identidade com os catequizandos mas não podem ser caricaturas deles. Uma narrativa, simples e baseada em fatos reais, pode ajudar a fazer a ligação entre o caso e o desafio.

O catequista prepara um roteiro que deixa claro qual o problema que será estudado. Os catequizandos constroem hipóteses de solução do problema a partir da seleção de informações disponibilizada pelo catequista. Pode-se também pensar em um momento explicativo, que amplie a discussão do problema. Essas aprendizagens devem ser, de algum modo, utilizadas para resolver o desafio.

O problema é relido e, agora, em duplas ou pequenos grupos parte-se para a solução do desafio. O importante aqui é a construção da aprendizagem, portanto, não basta trazer um jogo divertido para o grupo jogar. É importante que esse jogo tenha relação com o caso apresentado e com a aprendizagem que se deseja que os catequizandos construam. O desafio maior está em articular bem o caso, com a aprendizagem, com a sua solução.

Ao final da atividade, promova, entre os catequizandos, uma **autoavaliação**, isto é, cada um deles avalia a si mesmo na sua participação, o que fez de bom e no que poderia ter ido melhor.

A autoavaliação promove uma divisão na cabeça do catequizando: ele é tanto aquele que é avaliado, como o que avalia. Observe que exige um envolvimento cognitivo e afetivo intenso, além de reflexão e amadurecimento.

O catequista deve tomar alguns cuidados no que se refere aos instrumentos e estratégias de autoavaliação, bem como na definição clara de critérios avaliativos que poderão ser desenvolvidos em parceria com os próprios aprendizes.

Os resultados, porém, costumam ser bem satisfatórios. Isso porque o catequizando ativa uma série de conexões para a construção da aprendizagem e vivencia essa construção de modo que o levam para "fora da caixinha". Ele sente prazer em aprender.

> ### Não se esquecer
>
> A catequese baseada em casos faz uso de uma situação real ou fictícia a que se associa um desafio (um jogo, um problema a resolver ou um projeto de vida a elaborar). A aprendizagem desenvolvida durante a compreensão do caso deve ser utilizada para resolver o desafio.

A CATEQUESE ATIVA E OS TEMAS SENSÍVEIS

A liberdade dada aos catequizandos pode, por vezes, surpreender-nos. A catequese ativa é excelente para lidar com temas polêmicos que surgem ocasionalmente no processo de catequese. Faça uso dos métodos ativos para coletar as informações que a Igreja fornece sobre temas sensíveis da atualidade, como suicídio, *bullying*, sexualidade e afetividade.

A busca deve ser feita aos documentos da Igreja e discutida de modo respeitoso, sem imposição de um ponto de vista, para além daquilo que o documento diz. A aprendizagem baseada em temas sensíveis, por exemplo, permite-nos compreender um determinado problema na sua profundidade e à luz das orientações da fé, seguindo o que a Igreja, por meio de seus bispos, publicou. Mas, como não precisamos chegar a uma resposta, facilita que a reflexão não se transforme em discussão estéril.

A catequese baseada em casos, por sua vez, possibilita que pensemos situações-sensíveis em que dúvidas anteriores dos catequizandos surjam. Vale lembrar que o trabalho de busca de informações acerca das dúvidas e/ou outras situações deve ser feito pelos catequizandos, seguindo as orientações do catequista. Aqui a responsabilidade cristã nos obriga a mantermo-nos nos limites do que a Igreja oficialmente diz e não em nossas ideias pessoais ou em escritos de terceiros, mesmo que sejam pessoas muito religiosas e boas. Os resultados, certamente, serão animadores.

Para pensar

- E você? Consegue pensar em alguma situação em que usaria a catequese baseada em casos?

Valeu a dica! Mesmo quando você não faz uso de um método ativo específico na sua catequese, poderá, ainda assim, usar de perguntas e problemas para começar o seu encontro. É importante que essa pergunta ou problema fique visível para todos. Talvez seja o caso de fazer um registro em cartaz, quadro ou outro recurso. E, durante o encontro, relacione o que se está aprendendo à pergunta ou ao problema proposto. Essa estratégia não é um método ativo, mas mantém o olhar ativo do catequista em ação. É um modo de construir catequese ativa.

11

O ENCONTRO DE CATEQUESE E O TRABALHO COLABORATIVO

Caro catequista, neste capítulo queremos apresentar a catequese a partir de um trabalho colaborativo, fazendo com que os catequizandos se responsabilizem por parte da preparação e condução do encontro de catequese, fazendo-os protagonistas de sua formação cristã. Diante disso, após a partilha do conteúdo, queremos que seja capaz de responder:

- O que é o trabalho colaborativo?
- Como desenvolver o trabalho colaborativo?
- Por que desenvolver o trabalho colaborativo na catequese ativa?
- O que é avaliação por pares?

A IMPORTÂNCIA DO TRABALHO COLABORATIVO

Trabalho colaborativo é o trabalho realizado em conjunto, por todos. Podemos pensar em realizá-lo, no espaço da catequese, em muitas frentes, como entre os catequistas na produção de atividades, dinâmicas e eventos. Alguns podem questionar: "Mas isso não é o trabalho em grupo?".

De fato, o trabalho colaborativo propõe uma visão mais aprofundada do trabalho em grupo. Espera-se que a equipe que vai trabalhar colaborativamente esteja unida e aberta a novas ideias e inovações.

Como regra geral, a colaboração exige que todos participem na tomada de decisões coletivas. Então não se trata simplesmente de alguém fatiar uma tarefa, dividindo-a entre os membros do grupo e cada um correr para fazer a sua parte.

O trabalho colaborativo é um processo de trabalho em conjunto em que todos estão envolvidos, mesmo que as tarefas sejam distribuídas entre os membros. Nessa proposta, se alguém não se envolver no processo, mesmo que faça a sua parte, é difícil para toda a equipe alcançar um bom resultado.

> **Não se esquecer**
>
> No trabalho colaborativo, todos os membros da equipe são tratados como iguais e são responsáveis pela execução da atividade. Por isso, todos têm o direito de contribuir com suas ideias e esforços para a causa comum.

O trabalho colaborativo é um dos princípios da catequese ativa, junto com a autonomia do catequizando e os processos de ação-reflexão. Alcançar o comportamento ideal no trabalho colaborativo demanda atenção por parte de todos. A tendência de alguns é – e, muitas vezes, por conta das nossas agendas sempre atarefadas – de fazer as coisas do modo mais fácil possível.

O trabalho colaborativo não tem um líder. Ele ocorre quando os membros da equipe são tratados como iguais e todos têm o direito e o dever de contribuir para um objetivo comum, partilhando ideias e responsabilidades.

O trabalho colaborativo tem algumas características essenciais que permitem que ele se desenvolva adequadamente. Durante a leitura, veja como elas estão presentes nos catequizandos, na equipe de catequese e, claro, em você mesmo:

1. **Respeito**: Os participantes devem ser competentes para promover seus pontos de vista sem ofender os outros membros da equipe. Isso exige o desenvolvimento de atitudes e virtudes, como o autocontrole, a alteridade e a polidez. Assim, cabe avaliar como essas atitudes estão presentes na identidade dos catequizandos e promover o seu desenvolvimento em atividades significativas.

2. **Responsabilidade**: O trabalho colaborativo exige união visando atingir a um propósito: o fracasso de um, é o fracasso de todos. Por isso, os membros de uma equipe colaborativa sabem que devem trabalhar juntos, mesmo sem a mediação de um líder. Responsabilidade não é algo que se tem ou não se tem, mas é uma competência complexa que se pode desenvolver.

3. **Comunicação**: O conceito, aqui, significa mais do que falar algo ou falar muito. Significa abrir-se ao outro, sem temor. Significa também preocupar-se que o outro entenda efetivamente o que estamos dizendo, monitorando o que se fala para que seja possível uma resposta. Comunicação eficaz reúne os esforços de todos os membros de uma equipe, facilitando a reorientação dos esforços conforme necessário. A comunicação sempre pode ser mais bem-desenvolvida.

Esquematizando, temos:

Para pensar

- Você trabalha colaborativamente com os outros catequistas? Em que aspectos se poderia melhorar?

O TRABALHO COLABORATIVO NO COTIDIANO DA CATEQUESE

Considerando que o trabalho colaborativo exige competências que podem ser gradualmente desenvolvidas, ele não deveria, na maior parte das vezes, ser implementado na sua totalidade de uma hora para a outra. Ele pede uma implementação gradual e muito bem pensada. Algumas estratégias poderão ajudar nesse sentido.

Incentive a circulação da palavra. Garanta a liberdade, acolha os comentários, incentive que todos se expressem. Por vezes, na pressa de desenvolver o conteúdo e transmitir a mensagem do Evangelho, controlamos muito a circulação da palavra no encontro. Não nos importamos que os catequizandos não falem, até agradecemos o silêncio.

Essa atitude, contudo, pode dificultar o processo de colaboração porque incentiva a apatia. Ou seja, sufoca a criatividade daqueles que estão aprendendo e promove a ideia do que aquilo que eles têm a dizer, não interessa.

É muito razoável que os comentários e explicações do catequista sejam mais consistentes e elaboradas do que a dos catequizandos. Contudo, eles somente aprenderão a falar, se puderem se expressar com confiança de que suas palavras serão acolhidas e consideradas. Por isso, evite expressões faciais e palavras que tirem a segurança dos catequizandos. Por vezes, uma simples virada de olhos no momento em que o catequizando se expressa pode desestimulá-lo no seu progresso.

Sabemos que sempre haverá situações de exceção. Alguns, às vezes, ao perceber que o catequista cede a palavra, querem tomar posse exclusiva dela e não param de falar. Esses casos não são a regra e podem ser resolvidos com expressões gentis como: "Que interessante!

Mas para que todos possam falar, vamos fazer o seguinte: ao final do encontro, você me conta melhor o seu pensamento, tudo bem?".

Certifique-se de que os catequizandos entenderam os objetivos do que se está ocorrendo. Ao fazer uso de um método ativo, é importante que os aprendizes compreendam o porquê irão fazer o que se está propondo. Transmita a visão adequada e completa para eles.

Os objetivos comuns devem ser claros e alcançáveis para que todos saibam a direção para a qual devem se mover. **Tenha certeza de que foi compreendido**. Além disso, são importantes os registros escritos: tanto do catequista, como dos catequizandos. Monitore que esses catequizandos tomem notas.

Incentive as novas ideias. Acolha os pensamentos, motivações e inspirações dos catequizandos. Evite desanimá-los, mesmo se não estiver de acordo com o que dizem. Analise as possibilidades do que eles propõem. Ressalte o que houver de proveitoso em cada uma dessas ideias. Não reforce preconceitos, mas responda de modo oportuno e promova, dentro do possível, as ideias que surgirem.

Pode ocorrer que você já tenha uma ideia definida sobre um determinado procedimento. Por exemplo, o que será feito na festa junina da paróquia. Pensar nas possibilidades de outras propostas vindas dos catequizandos, pode ser desafiador. Mas, são ideias possíveis?

Às vezes, o que eles têm a dizer pode parecer inadequado, mas tente compreender a motivação por detrás dessas palavras. Não se trata de aceitar o erro, mas de seguir o conselho de São Paulo: "A vossa palavra seja sempre agradável, temperada com sal, de modo que saibais como convém a cada um" (Cl 4,6).

Certifique-se de que os catequizandos tenham **acesso às ferramentas e instruções necessárias** para o trabalho proposto. A catequese ativa faz uso de diversas ferramentas de trabalho, inclusive das tecnologias digitais de informação e comunicação (TIC). Porém, nem sempre elas estão disponíveis total ou mesmo parcialmente. Nesses casos, é necessário fazer adequações. A catequese ativa é também uma catequese criativa, que busca construir soluções adequadas às demandas reais que surgem.

O importante, contudo, é que os catequizandos possam trabalhar com segurança, sabendo claramente o que se espera deles e como devem fazer para atingir os objetivos propostos. É importante que os catequizandos tenham um roteiro do que irão fazer, inclusive das atividades em conjunto.

Essas instruções devem ser detalhadas o suficiente para que eles se sintam confortáveis na execução das tarefas. Além disso, os catequizandos devem ter acesso aos materiais necessários para realizar os procedimentos solicitados. Por isso, o papel do catequista como orientador é muito importante e exige a devida atenção.

Não se esquecer

As instruções de uma atividade ou dinâmica devem ser dadas de modo claro e, preferentemente, registradas por escrito. Elas devem ser explicadas o suficiente para que não surjam dúvidas no processo. Contudo, não podem ser desnecessariamente longas, para não se tornarem pouco práticas.

Faça os catequizandos funcionarem como um coletivo. Reunir um grupo de pessoas muito inteligentes ou dedicadas não garante o sucesso. E, na realidade, raramente se consegue um grupo assim. Porém, quando todos se sentem parte de algo melhor, podemos esperar bons resultados. Pense especificamente em atividades de formação de equipe e de trabalho colaborativo, como encontros informais, por exemplo. Invista em desenvolver o espírito de pertencimento.

Em síntese, podemos esboçar o seguinte quadro:

ESTRATÉGIA	FUNÇÃO
Incentive a circulação da palavra.	Desenvolver a expressão confiante de palavras que serão acolhidas e consideradas.
Tenha certeza de que foi compreendido.	Ter clareza sobre o que se deve fazer.
Incentive as novas ideias.	Desenvolver a criatividade e o sentido de pertencimento.
Promova o acesso às ferramentas e instruções necessárias.	Desenvolver o senso de segurança.
Faça os catequizandos funcionarem como um coletivo.	Desenvolver o sentido de pertencimento, de fazer parte de algo maior.

QUAIS OS BENEFÍCIOS DO TRABALHO COLABORATIVO?

Desenvolver o trabalho colaborativo como parte integrante da cultura da catequese ativa pode ser trabalhoso, exigindo planejamento e ações intencionais, mas traz diversos benefícios pelos quais vale a pena se empenhar. Vejamos:

▷ O trabalho colaborativo favorece o desenvolvimento de uma atitude reflexiva. A troca de ideias, orientada pela atividade do catequista, promove a união entre as pessoas e até com Deus. Essa reflexão se torna possível ao passo que se pensam, em conjunto, as dificuldades enfrentadas para que a colaboração dê certo. O trabalho colaborativo exige o amor ao próximo na prática e todos falhamos muitas vezes no exercício desse amor.

125

O trabalho colaborativo permite a descoberta de novos caminhos e novas ideias. Ao colaborar com outros o indivíduo aprende coisas, ainda que não perceba. Alguém que é mais organizado pode ajudar outro que tem dificuldades nesse sentido. Um catequizando pode dar exemplos mais próximos dos seus colegas sobre algo que se está aprendendo.

O resultado dos trabalhos colaborativos costuma apresentar melhores resultados do que outras estratégias educativas, especialmente, na solução de problemas. Considerando que a catequese ativa valoriza muito o uso dos problemas no processo formativo, o trabalho colaborativo, favorecendo a troca de ideias e a escolha da abordagem mais equilibrada, revela-se excelente.

Favorece a integração e o convívio mais profundo entre as pessoas. Como dissemos, isso deixa em evidência a prática das virtudes cristãs que se aprendem na catequese. Laços se desenvolvem mais facilmente e, muitas vezes, os membros da equipe se sentem mais motivados a continuar as discussões fora do ambiente e do horário da catequese.

Além disso, o trabalho colaborativo não requer gastos excessivos para ser implantado. Trata-se, sobretudo, de desenvolver a atitude adequada à situação-problema que se irá desenvolver na catequese ativa. Computadores e outros sistemas tecnológicos de comunicação, como o celular, podem ser utilizados ou adaptados ao processo.

Para pensar

- Você trabalha colaborativamente com os outros catequistas? Em que aspectos se poderia melhorar?

INSTRUÇÃO POR PARES: UM MODO DE TRABALHAR COLABORATIVAMENTE

Algumas estratégias de catequese ativa podem ser totalmente organizadas a partir do trabalho colaborativo. A instrução por pares é uma estratégia relativamente simples, mas produz excelentes resultados. Ela transfere parte da ação de ensinar para o outro que está inserido no processo catequético. Um membro da equipe irá ajudar o outro a aprender e a refletir sobre um determinado tema. Claro que o trabalho e a orientação do catequista são essenciais para o sucesso da empreitada.

Inicialmente, elabore um questionário com duas ou três perguntas abertas e indique onde se podem encontrar orientações que permitam construir respostas. Podem ser trechos de textos, vídeos ou entrevistas. Não se trata de dar a resposta pronta, mas de permitir que entre a orientação e aquilo que se pergunta, o catequizando possa formular uma opinião. Os catequizandos refletem antes do encontro, respondendo a esse questionário.

No encontro, o tema é retomado e discutido. Utilize uns 10 a 15 minutos para isso. É importante que ao menos uma questão seja polêmica, por exemplo, sobre vocação pode-se perguntar:

1. O que é vocação?

2. Deus tem uma vocação para cada pessoa? Como saber a nossa vocação?

3. Os sacerdotes deveriam poder se casar?

Observe que foram propostas três perguntas em ordem crescente de polêmica. A primeira, não levanta tanta discussão, por ser uma pergunta mais fechada. A segunda, embora seja uma pergunta aberta, não é tão polêmica como a terceira.

O catequista ouve respeitosamente os comentários e não se manifesta sobre quem está certo ou errado. Ele cuida que as diferentes ideias sejam registradas em papelotes, cartaz ou quadro.

A seguir, os catequizandos conversam em pares. Um deve tentar convencer o outro do seu ponto de vista. Pode ser proveitoso que os aprendizes tenham pontos de vista diferentes. O catequista circula, participando em alguma discussão. Cada discussão se refere a uma das perguntas do questionário e deve durar de dois a quatro minutos.

Ao final, uma conversa com toda a turma permite tirar dúvidas e aprofundar algo que não tenha ficado bem-compreendido. É importante apresentar a posição da Igreja sobre os temas refletidos.

Também é o momento para avaliar a atividade. O que se avalia? Avalie as impressões dos catequizandos no processo: o que eles gostariam e o que não gostaram e, sobretudo, pergunte o que foi que aprenderam. Você poderá solicitar que eles façam um pequeno texto escrito para colocar em uma mídia social da catequese sobre o que foi aprendido nessa atividade.

Mas, considere principalmente como os pares se comportaram durante o processo. Algumas perguntas podem ajudar você nessa avaliação:

1. Os dois componentes do par haviam se preparado?

2. Focaram na discussão ou fugiram do objetivo?

Peça que um membro de cada dupla avalie o outro. A **avaliação por pares** possibilita o desenvolvimento da responsabilidade, do respeito e do amadurecimento, pois evidencia que o bom desempenho da catequese está diretamente relacionado com o bom desempenho do grupo e, consequentemente, com o de cada catequizando.

> ## Não se esquecer
>
> Desenvolver trabalhos por pares, em que os indivíduos tenham autonomia e responsabilidade no processo proposto, a partir de diretrizes claramente definidas, é um modo de trabalho colaborativo que produz, usualmente, resultados surpreendentes.

ALGUMAS REFLEXÕES PERTINENTES

Para implementar o trabalho colaborativo com as turmas de catequese é necessário reconhecer que se trata mais do que fazer o habitual trabalho em grupo. Algumas características precisam ser desenvolvidas como fazer a palavra circular, se esforçar para que todos falem e acolher essas palavras, associando essa atitude com o desenvolvimento de equipes autônomas.

Valorizar a habilidade de comentar dos catequizandos ao invés de ficar desejando somente a resposta às perguntas que se faz. É necessário, também, garantir que os catequizandos realmente entendam os comandos dados, certificando-se de que eles compreenderam o que estamos propondo. Ainda é significativo ter presente a avaliação por pares que ao ser bem conduzida, vai ajudar os catequizandos a amadurecerem e a desenvolverem maior respeito pelas atividades.

Para pensar

- E você? Que aspecto do trabalho colaborativo mais chamou a sua atenção?

12

A CATEQUESE (CONTEMPL)ATIVA

Neste capítulo, queremos refletir contigo, querido catequista, sobre uma catequese ativa, que busca a contemplação, colaborando com o crescimento espiritual dos catequizandos, ajudando-os a aprender a ouvir a voz de Deus. Assim, ao final deste capítulo, você será capaz de responder:

- O que é contemplação?
- Qual a importância da contemplação na catequese ativa?
- Por que o catequista deve ser pessoa de contemplação?
- Como desenvolver uma catequese (contempl)ativa?

CATEQUESE E CONTEMPLAÇÃO

A princípio, ensinar alguém os conteúdos catequéticos não parece ser uma obra de contemplação. E uma atividade que relaciona um indivíduo, o catequista, com os outros, sendo esses nem sempre tão receptivos à Palavra de Deus como gostaríamos. É uma atividade que comunica conhecimentos próprios da Igreja e pode até ajudar a vivenciar momentos de espiritualidade.

As metodologias ativas, base de construção do que temos chamado adequadamente de catequese ativa, não se preocupam com a contemplação e momentos de espiritualidade. Buscam a reflexão, sim, mas não experiências de oração. Elas objetivam a resolver problemas de aprendizagem e construção da identidade nas suas diferentes dimensões do ser humano como aluno, como profissional de uma área, como cidadão etc.

Sabemos que a identidade cristã atravessa todas as demais dimensões da identidade humana. Somos cristãos na escola, em casa, no emprego, no exercício cotidiano de quem somos e de nossa cidadania. A fé cristã que se concretiza no dia a dia é marcada por valores e virtudes específicos, mas também por uma espiritualidade e um modo de ver o mundo particulares. No centro dessa visão e espiritualidade reside um modo contemplativo de viver.

Assim, a construção de uma catequese ativa obriga-nos a ir além dos conhecimentos pedagógicos das metodologias ativas. Temos de pensar em uma catequese que considere todas as diferentes dimensões do ser cristão e, desse modo, pensá-la como uma catequese que, sendo ativa, promova também a contemplação.

A dimensão contemplativa do ser humano não exige tanto um modo de fazer, mas principalmente um modo de ser. O pôr do sol, as ondas do mar, uma flor que encontramos no caminho, um poema que lemos ou uma música que ouvimos entre outras coisas podem ser oportunidades de contemplação.

É com São Tomás de Aquino que aprendemos que a ação humana pode proceder da contemplação e aliar-se a ela, sem desmerecer nem uma, nem outra. Isto é, a catequese ativa pode originar-se da contemplação e para ela encaminhar o catequizando, mantendo-se fiel a seus objetivos.

Para isso, contudo, precisamos compreender a contemplação na catequese ativa em três esferas diferentes:

1. A dimensão contemplativa como parte da rotina e da identidade do catequista.

2. A contemplação como competência a ser desenvolvida nos catequizandos.

3. A contemplação como estratégia metodológica na catequese.

Antes de aprofundarmos cada uma dessas esferas, temos de caracterizar o que estamos compreendendo aqui como contemplação. Isso é importante porque essa palavra é utilizada com vários sentidos em diferentes contextos e não queremos nos perder em um emaranhado sem fim de ideias. A partir desse conceito, podemos compreender como a catequese ativa pode sim ser uma catequese (contempl)ativa.

A DIMENSÃO CONTEMPLATIVA DO SER HUMANO

- Qual a importância da contemplação na sua vida pessoal?

A contemplação é uma atitude do coração diante da vida que nos faz perceber a presença de Deus em toda a nossa vida. Uma presença amorosa e fiel da qual nada nem ninguém nos pode separar. A contemplação é o olhar da fé fixo em Jesus a partir de um coração que ama.

Desse coração contemplativo em constante comunhão com Deus, emerge a oração, como um ato de fé e amor. A oração contemplativa restaura o coração e, desse modo, ilumina o olhar, fazendo com que compreendamos a realidade sob outro ponto de vista. Essa compreensão renovada pelo amor de Jesus nos permite caminhar de modo mais pleno.

Valeu a dica! O catecismo da Igreja nos ensina:

A contemplação é o olhar da fé, fixado em Jesus. "Eu olho para Ele e Ele olha para mim" – dizia, no tempo do seu santo Cura, um camponês d'Ars em oração diante do sacrário. Esta atenção a Ele é renúncia ao "eu". O seu olhar purifica o coração. A luz do olhar de Jesus ilumina os olhos do nosso coração; ensina-nos a ver tudo à luz da sua verdade e da sua compaixão para com todos os homens. A contemplação dirige também o seu olhar para os mistérios da vida de Cristo. E assim aprende "o conhecimento íntimo do Senhor" para mais amá-lo e segui-lo (Catecismo da Igreja Católica, n. 2715).

Diariamente, e de modo especial nos momentos difíceis, quando podemos até estar nos sentindo sozinhos e incompreendidos, é que a oração contemplativa faz com que resplandeça em nós a luz divina e o amor de Deus encham os nossos corações. O fruto da oração contemplativa e humilde – não da presunção do nosso ego – mesmo que seja um pequeno gesto isolado e silencioso, a ação de formiguinha, que se procede do amor de Deus é o maior milagre que um cristão pode realizar.

Muitos catequistas que estão lendo esse livro podem se perguntar nesse momento: "Eu sou uma pessoa contemplativa? Sei não! Precisa ser contemplativo para ser catequista ativo? Isso fica muito complicado...". Cabe compreender que ser contemplativo não significa se isolar e/ou realizar experiências místicas. Vamos seguir para entender melhor.

No passado, alguns compreenderam a contemplação como oposto à ação. Dessa perspectiva, uma catequese ativa se oporia, necessariamente, a uma outra contemplativa. Temos de escolher? Jesus Cristo nunca opôs contemplação e ação, como se o cristão precisasse escolher uma ou outra. A contemplação depende do Espírito Santo que sopra onde quer. Ela é uma respiração do amor que se move na liberdade e no poder de Deus.

Há possibilidades de contemplação ao rezarmos o rosário ou ao fazermos *lectio divina* ou a oração mental. Mas também no modo de caminhar, no olhar voltado para o meio ambiente ou no modo como tratamos os outros. O coração transborda e inunda o nosso olhar para vermos a vida em diálogo com Jesus, seja na clausura, na pastoral, no trabalho, em família etc.

> ### Não se esquecer
>
> A contemplação pode se inserir no cotidiano. Para além daqueles momentos fortes especificamente contemplativos, podemos contemplar em diversos momentos ao longo do dia, de modo constante e persistente. Desse modo, estaremos sempre mais perto de Cristo.

A contemplação une o ser humano com Deus e cria unidade no interior desse ser humano e na sua relação com os demais. Somente a contemplação revela o valor da caridade e, por sua vez, é a caridade que nos permite conhecer efetivamente o significado de contemplar. O amor é a base da contemplação.

O Evangelho nos convida a seguir Jesus no caminho do amor. Este é o centro da vida cristã e o principal objetivo da catequese. A catequese ativa surge da contemplação. Sem a contemplação, a nossa catequese ativa é uma catequese adormecida. A ação de catequizar deve ser a ação de amor em diálogo com Jesus e para o bem da Igreja. Mas como pode ser isso desenvolvido?

A IDENTIDADE CONTEMPLATIVA DO CATEQUISTA

Pelo que percebemos, aquele que catequiza deve ser uma pessoa contemplativa, no sentido que estamos aqui desenvolvendo e que é próprio da Igreja. Isso equivale a dizer que o catequista deve ser pessoa de oração. Não necessariamente de uma oração cheia de palavras, mas, como nos diz o Papa Francisco: "na contemplação amorosa, típica da oração mais íntima, não há necessidade de muitas palavras: basta um olhar, basta estarmos convencidos de que a nossa vida está rodeada por um grande e fiel amor do qual nada nos pode separar" (Audiência Geral de 5 de maio de 2021).

Dessa vivência contemplativa é que se irá originar a catequese ativa. Temos falado, ao longo deste livro, dos desafios que é colocar em prática os princípios das metodologias ativas em uma sociedade como a nossa, marcada por sérios problemas. Como conciliar os conhecimentos necessários para implantar a catequese ativa no nosso cotidiano com a contemplação?

A base da contemplação é o amor. E o amor vale mais do que a inteligência. Uma pessoa pode saber todos os métodos ativos e compreender profundamente as teorias que estão na base da catequese ativa, mas se faltar o amor, falta a própria vida. A contemplação vivifica a catequese ativa.

É por meio do amor que os conhecimentos da catequese ativa se tornam, em atitude constantemente contemplativa, ação que dá frutos. Por ser resultado do amor, a contemplação acolhe os conhecimentos propostos pela catequese com generosidade e boa motivação. A catequese ativa não é tanto para os que querem se destacar como os mais inteligentes ou mais capazes. Ela não é para os mais poderosos. A catequese ativa é, sobretudo, para os que desejam amar muito.

A estratégia de catequese, ao ser colocada em prática, deixa o catequista em evidência. A catequese ativa é o testemunho visível de nosso interesse em fazer mais e melhor o ministério do qual o Senhor nos incumbiu. O catequista tem a convicção mística de ser profeta, comunicando a Palavra de Deus com seu dinamismo e eficácia, na força do Espírito Santo. Na vivência plena da catequese, as pessoas vão ver as ações do catequista e notar a necessidade de mudanças em suas próprias vidas. O catequista é, desse modo, um dos primeiros exemplos do modo de ser cristão.

Porém, como a catequese alia doutrina e vivência, essas mudanças somente surtirão realmente efeito se vierem acompanhadas de ações quase invisíveis por parte do catequista. Essas ações são pequenos sinais ínfimos, quase imperceptíveis, que se originam do exercício de contemplação. Essas ações quase invisíveis testemunham o amor de Deus pela humanidade.

E que ações são essas? Esses pequenos sinais são uma propriedade inerente à contemplação e incluem um gesto de acolhida, um olhar diferenciado, um sorriso sincero de confiança no outro, um modo atento de escutar etc. São microssinais desinteressados e livres que evidenciam o amor ao próximo numa vocação contemplativa de catequese ativa, uma catequese (contempl)ativa. Desse modo, a contemplação do catequista fará com que as teorias se tornem prática amorosa, testemunhando, quase invisivelmente, o poder da graça e do amor de Deus.

Esses microssinais surgem não da inteligência, mas do coração contemplativo e, por isso, são produzidos intencionalmente. Quando esses sinais são produzidos de forma proposital, parecem ser artificiais e não surtem o efeito desejado. Um sorriso forçado ou um elogio muito pensado não produzem os mesmos resultados, por mais que nos esforcemos em aplicar este ou aquele método.

> ### Não se esquecer
>
> Microssinais desinteressados e livres evidenciam, de modo quase invisível, o amor ao próximo numa atitude contemplativa de catequese ativa: um sorriso caloroso, um aperto de mão sincero, um olhar de quem se importa...

Desenvolvendo a contemplação nos outros

- Como motivar a atitude contemplativa nos outros?

O catequista (contempl)ativo valoriza a sua espiritualidade, que surge da vida em Cristo, alimentada pela experiência litúrgica e expressa na atividade de educador da fé. A educação é vista aqui como um profetizar, como mística daquele que está a serviço da Palavra de Deus.

O catequista certamente deseja que os catequizandos desenvolvam essa faceta da identidade cristã: uma espiritualidade contemplativa. Mas isso é algo a ser desenvolvido pela própria pessoa. Não somos nós que colocamos o desejo de contemplar no coração do outro. Ele se desenvolve na relação pessoal de cada indivíduo com Deus.

Contudo, no exercício da catequese ativa, podemos desenvolver estratégias que facilitem a construção dessa relação pessoal. A catequese ativa, desta perspectiva, é vista como instrumento da atividade de contemplação. Nosso objetivo não é por meio da catequese ativa, com sua visão metodológica, construir a natureza cristã perfeita, mas de, pela graça de Deus, possibilitar que outros conduzam-se a uma vida perfeita e a uma reciprocidade do amor.

Quando os métodos ativos empregados na catequese são motivados pela contemplação baseada no amor, que é parte da identidade do catequista, a realidade de um influencia a do outro e a vida de ambos se transforma. A dimensão contemplativa da vida do catequista transpira na aplicação dos métodos ativos na catequese.

Do mesmo modo, já falamos dos microssinais com os quais o catequista (contempl)ativo caracteriza e defina a sua atividade. Esses microssinais, em si mesmo, são um caminho para desenvolver no outro o desejo da intimidade com Deus.

Isso não significa que não seja importante estudar sobre o rosário ou sobre a *lectio divina*. É fundamental conhecer as bases da nossa fé cristã. Mas devemos lembrar que todo o conhecimento deve ser sempre acompanhado pelo exemplo daquele que vive essa experiência de olhar para Jesus e de olhar a vida com Jesus, permitindo que o coração seja inundado pelo amor.

A mensagem da fé, ao iluminar a existência humana, forma uma consciência crítica que alia ação e reflexão, algo que a própria prática da catequese ativa propõe. A catequese educa evangelicamente para as mudanças do ambiente que nossa fé exige e inspira e motiva o desejo de transformação. Essa mudança, cabe sempre lembrar, ocorre no interior do ser humano, no seu coração, mas também o faz agir em sociedade, buscando transformar a realidade social.

> A mudança interna, a dimensão contemplativa que emerge do coração alimentado pela visão constante de Jesus no cotidiano, completa e motiva nossas ações e nossas palavras. "Porque a boca fala daquilo que o coração está cheio", lembra-nos Jesus (Mt 12,34).

Temos insistido sobre a importância de uma atitude de avaliação no desenvolvimento das metodologias da catequese ativa. Isso é importante também quando pensamos no desenvolvimento da dimensão contemplativa dos nossos catequizandos.

A avaliação constante do progresso da caminhada dos catequizandos e mesmo do progresso do nosso próprio trabalho como catequista ativo pode revelar áreas de promoção da atitude contemplativa.

Áreas em que se pode promover o desenvolvimento de conhecimentos, habilidades e atitudes que facilitem o exercício (e a atitude!) da contemplação.

Também já destacamos o valor da constante reflexão sobre qualquer ação de catequese proposta. Refletir não é o mesmo que contemplar. A reflexão é um trabalho que, necessariamente, começa na mente e visa à construção da identidade do indivíduo que reflete. A contemplação começa no coração e nos coloca em união com Deus. Mas a reflexão e a contemplação não se opõem: não temos que escolher uma ou outra. Ao contrário, elas podem se complementar.

A reflexão leva-nos a pensar melhor e mais profundamente em quem nós somos e nos assuntos que, de algum modo, nos afetam. Esse pensamento pode ser feito à luz da oração e da proximidade com o Criador. Desse modo, a reflexão nos encaminharia para a contemplação. A reflexão aqui é compreendida como um exercício do eu, isto é, o catequizando aprende a refletir e elabora a sua linha de raciocínio. É nosso desejo, sempre que possível, que essa reflexão faça a mente dialogar com o coração.

Ao abordar algum tema mais complexo, daqueles que poderia ser matéria de contemplação, pergunte algo como: "O que Jesus faria numa situação como essa? Por que não perguntar para Ele? Como podemos fazer isso?". A intimidade com Deus pode, desse modo, ser respeitosamente cultivada, ainda que, claro, essa relação seja individual. Cada um de nós deverá ser o construtor da dimensão contemplativa de sua vida.

O diálogo de nossos catequistas que ilustram o livro poderá nos ajudar a compreender melhor a reflexão sobre uma catequese (contempl)ativa. Vejamos:

"Eu sempre crio esses momentos 'O que Jesus faria?'. Acho bem produtivo! Uso para as mais diferentes situações: desde para discutir questões éticas a compreender ensinamentos da Igreja... Boa ideia essa de motivar a oração a partir desse raciocínio! Acho que vai dar super-certo com a minha turma", analisa Marcos.

"Eu também achei bem interessante", responde Mariana. "Mas eu gostei mesmo de avaliar as dificuldades e capacidades dos meninos e meninas procurando facilitar o terreno para que eles possam vir a contemplar melhor. Sabe, eu tenho percebido que é fundamental ter esse olhar constante de avaliação. Só esse olhar já vale a pena... Ele é como que uma base fundamental da catequese ativa".

"Pois é... eu acho que, às vezes, eu vou com muita sede ao pote, sabe? Vou logo fazendo círculo com silêncio, vela e coisa e tal e não paro para saber se eles têm maturidade para compreender e apreciar isso. Estive pensando que, não é que vá parar de fazer essas dinâmicas, mas tenho de ver o que dificulta que eles tirem real proveito desses encontros e me esforçar por desenvolver, de modo ativo, essas habilidades para que quando eu trago um momento de meditação ou contemplação, ele realmente alcance os resultados que eu quero", reflete Elenice. "Afinal, eu sou uma catequista ativa, né gente?"

"Somos, minha cara! Agora, sim! Daqui para a frente, somos os catequistas que realizamos uma catequese ativa e contemplativa..." completa, sorrindo, Mariana. "Mas que dá trabalho, isso dá! Ai, mas vai ficar tudo tão mais bonito!"

A CONTEMPLAÇÃO COMO ESTRATÉGIA DE CATEQUESE ATIVA

Exercícios e atitudes que promovam ou facilitem a contemplação e valorizem a sua importância podem, gradativamente, ser inseridos no fazer educativo da catequese ativa. A preparação cuidadosa e antecipada facilitará o processo.

Deus revelou-se progressivamente a seu povo, por meio de palavras e acontecimentos, dentro da vida da comunidade e, pacientemente, respeitando a caminhada dessa comunidade. Inserido na vida e na história humana, Deus respeita as nossas capacidades e modo de ser. Ele conhece os nossos limites. É o modo de educar de Deus, em que o ser humano é o centro da aprendizagem e toda a nossa realidade se transforma.

> ### Não se esquecer
>
> Deus tem um modo de ensinar por meio de acontecimentos e palavras que se juntam e se complementam, num processo progressivo e por etapas. Nesse processo, nós somos o centro da aprendizagem e a nossa realidade se transforma.

O Evangelho é a boa notícia para toda a humanidade. Jesus deu aos discípulos a missão de evangelizar. A Igreja transmite o Evangelho pelo mesmo processo pedagógico da interação entre palavras e obras, sobretudo nos sacramentos. A Igreja está a serviço da evangelização, exercendo o ministério da Palavra do qual faz parte a catequese.

As Sagradas Escrituras são a Palavra de Deus redigida sob a moção do Espírito Santo. A Sagrada Tradição é a Palavra de Deus confiada por Cristo Senhor e pelo Espírito Santo aos apóstolos e transmitida de geração em geração aos sucessores dos apóstolos. Não se trata daquelas tradições que nós preferimos, daquelas com as quais nos sentimos mais confortáveis, mas daquelas que estão confiadas por Deus à sua Igreja.

A Sagrada Tradição e as Sagradas Escrituras iluminam a existência católica e continuam sendo o caminho da Revelação de Deus. Por isso, a fonte da catequese é a Palavra de Deus que se atualiza por meio da tradição e do magistério da Igreja. Assim, na catequese ativa, devemos desenvolver habilidades que promovam o conhecimento da Palavra de Deus, bem como a paixão pela sua leitura e contemplação.

Deus, nas Sagradas Escrituras, falou por meio de pessoas e de modo humano. A tarefa da catequese de promover o entendimento claro e profundo de tudo o que Deus nos quis transmitir. Por isso, a catequese promove a investigação do que os escritores sagrados escreveram para manifestar o que Deus nos quer falar.

Assim, é importante conhecer as circunstâncias, o tempo, a cultura, os modos de se expressar das Sagradas Escrituras. Mas, sabemos que é sobretudo o Espírito Santo quem ajuda a apreender com exatidão o sentido e a mensagem da Palavra de Deus e todo o mistério revelado. Por isso, é importante que na catequese se aprenda a leitura orante da Bíblia e que se exercite a capacidade de visualizar mentalmente as cenas descritas.

Uma atividade simples, mas muito eficiente, que pode complementar a leitura orante ou outra proposta aplicada na catequese envolvendo a Bíblia é solicitar que os catequizandos descrevam um cômodo da casa onde vivem ou de algum espaço comunitário: os elementos, formas, cores, cheiros, impressões... uma descrição detalhada e completa. A seguir, pode-se ler uma passagem do Evangelho e pedir que tentem descrever ao máximo como seria o cenário. O catequista deverá conhecer o suficiente da Bíblia para orientar que essa descrição fique o mais realista possível.

Com a ajuda dos responsáveis pelo catequizando, será possível desenvolver o hábito da leitura cotidiana de breves trechos das Sagradas

Escrituras. Paralelamente a isso, é importante que se avalie a relação dos catequizandos com o silêncio. Vivemos em uma sociedade barulhenta. Refletir, meditar, contemplar são atividades que exigem silêncio, principalmente, silêncio interior. Assim, não é incoerente planejar uma ação educativa visando ao desenvolvimento desse silêncio.

Também é função da catequese ensinar a rezar com os mesmos sentimentos e disposições de coração e de mente com os quais Jesus se dirige ao Pai. Na oração, Jesus adora, louva, agradece, pede, contempla e se abandona ao cuidado de Deus. A vida cristã atinge mais profundidade quando atravessada pela oração, que tem seu ponto alto na liturgia.

O catequista que assume o seu ministério, experimenta e saboreia a Palavra de Deus em sua boca. Faz isso por beber das Sagradas Escrituras e dos ensinamentos da Igreja, por viver sua fé na comunidade e no mundo e por transmitir a seus irmãos a experiência contemplativa de Deus. A promoção de momentos contemplativos na caminhada proposta pela catequese deve considerar a realidade de cada um e deve estar alicerçada na vivência dessa comunidade que caminha com Jesus, por Jesus e para Jesus.

Para pensar

• Como tornar a sua catequese (contempl)ativa?

Os constantes movimentos da catequese ativa

A catequese ativa é um processo que exige vários movimentos. O olhar avaliativo leva-nos a uma busca constante: identificar e compreender as necessidades dos catequizandos. Essa compreensão é um processo que, por sua vez, exigira reflexão e atitude contemplativa do catequista.

Isso ocorre porque aquilo que identificamos como uma necessidade é o resultado de outras necessidades. Desejamos que o catequizando desenvolva uma relação pessoal e íntima com Deus e uma vida atuante na Igreja. Essa relação com Deus demanda que ele seja uma pessoa contemplativa. Observamos que ele sente dificuldade em contemplar. A pergunta a seguir que devemos fazer é: Por que ele sente essa dificuldade? Uma nova análise avaliativa pode mostrar-nos, por exemplo, que ele não consegue fazer silêncio interior, sente dificuldades em entender o que lê e não tem o hábito de rezar, nem sozinho, nem em família.

A catequese ativa é seguir o estilo catecumenal, como modo de Iniciação à Vida Cristã, com a finalidade de produzir a configuração do catequizando em Cristo. Os métodos ativos que a definem levam o catequista a desenvolver uma identidade alerta às necessidades dos catequizandos no tempo e na realidade em que vivem. A catequese ativa sempre atenta a essa realidade busca avançar, colocando a pessoa do catequizando como centro do processo de aprendizagem, promovendo a ação e a reflexão que facilitam e desenvolvem a contemplação. Desse modo, podemos afirmar que a catequese ativa é, necessariamente, uma catequese (contempl)ativa.

Considerações finais

A proposta desta publicação foi apresentar a você catequista a possibilidade de enriquecer e dinamizar os encontros de catequese, tornando-os mais participativos e fazendo com que os catequizandos não só recebessem uma informação, mas a levassem para a vida, aplicando-os nos gestos e atitudes do ser cristão.

Apesar de as metodologias ativas estarem muito presentes nos ambientes escolares, quando as compreendemos descobrimos uma infinidade de possibilidades que podem e devem ser utilizadas também para a transmissão da fé. A aplicação experimental e avaliativa nos ajudará a assumirmos aos poucos e a criar uma prática. Isso requer tempo, estudo e dedicação, mas que sem dúvida produzirá muitos frutos.

Como pedagogos, mistagogos e educadores da fé, esperamos tê-los enriquecido com nossa partilha e reflexões sobre a catequese ativa e a importância para os tempos atuais; os novos interlocutores, nossos catequizandos, chegam até nós cheios de histórias e dramas.

Sigamos juntos na missão a nós por Deus confiada! Contem sempre com nosso apoio e orações!

Referências

BACICH, L.; MORÁN, J. *Metodologias ativas para uma educação inovadora*: uma abordagem teórico-prática. Porto Alegre: Penso, 2017.

BENTO XVI. *Carta encíclica Deus Caritas Est*: sobre o amor cristão. São Paulo: Paulinas, 2006.

A Bíblia de Jerusalém. São Paulo: Paulus, 2002.

CNBB. *Ministério de Catequista*. Estudos da CNBB n°. 95. São Paulo: Paulus, 2007.

CNBB. *Iniciação à Vida Cristã*: Itinerário para formar discípulos missionários. Documentos da CNBB, n.107. Brasília: Edições CNBB, 2015.

CNBB. *Documentos da CNBB, n°. 84*. São Paulo: Paulinas 2006.

Catecismo da Igreja Católica. Petrópolis: Vozes, 1999.

CONCÍLIO ECUMÊNICO VATICANO II. Constituição Conciliar Sacrosanctum Concilium sobre a sagrada liturgia. In: *Documentos do Concílio Ecumênico Vaticano II (1962-1965)*. 3.ed. São Paulo: Paulus, 2014.

CELAM. *Documento de Aparecida*. Brasília/São Paulo: Edições CNBB/Paulus/Paulinas, 2007.

CONSELHO INTERNACIONAL PARA A CATEQUESE – ORIENTAÇÕES (Coincat). *A catequese dos adultos na comunidade cristã*. Vaticano: Libreria Editrice Vaticana, 1990.

COSTA, L. (Org.). *Documentos do Concílio Ecumênico Vaticano II* (1962-1965). São Paulo: Paulus, 2007.

DELORS, J. *Educação*: um Tesouro a Descobrir. Relatório para a Unesco da Comissão Internacional sobre Educação para o Século XXI. Cortez/Unesco: 1996.

FILATRO, A. et al. *DI4.0*: Inovação em educação corporativa. São Paulo: Saraiva Educação, 2019.

FILATRO, A.; CAVALCANTI C. C. *Metodologias Inov-Ativas* – na educação presencial, a distância e corporativa. São Paulo: Saraiva Uni, 2022.

FRANCISCO. *Aos catequistas*: Saí, buscai, batei! São Paulo: Fons Sapientiae, 2020.

FRANCISCO. *Exortação apostólica Evangelii Gaudium*: sobre o anúncio do Evangelho no mundo atual. São Paulo: Paulinas, 2013.

ILLERIS, K. (Org.). *Teorias contemporâneas da aprendizagem*. Porto Alegre: Penso, 2013.

KOHLS-SANTOS, P.; MOREIRA, E. S. (Org.). *Educação, tecnologia e comunicação*: explorando o potencial educativo das tecnologias digitais. Curitiba : CRV: 2023.

LOPES, R. C. S. (2019). *A relação professor/aluno e o processo ensino-aprendizagem*. Disponível em http://www.diaadiaeducacao.pr.gov.br/portals/pde/arquivos/1534-8.pdf – Acesso em 12 dez. 2023.

MARCHINI, W. L.; PARO, T. F. *Catequese e internet*: os processos catequéticos e as novas tecnologias. Petrópolis: Vozes, 2021.

MARITAIN, J. *Por um humanismo cristão*. São Paulo: Paulus, 1999.

MARITAIN, J. *A intuição criadora* – a poesia, o homem e as coisas. Belo Horizonte: PUC- Minas/ Instituto Jacques Maritain, 1999.

MARITAIN, J. *Sete lições sobre o ser*. São Paulo, Loyola, 1996.

MARITAIN, J. *A Igreja de Cristo, a pessoa da Igreja e seu pessoal*. Rio de Janeiro: Agir, 1972.

MARCHINI, W. L.; PARO, T. F. *Catequese e internet*: os processos catequéticos e as novas tecnologias. Petrópolis: Vozes, 2021.

MARPEAU, J. *O processo educativo: a construção a pessoa como sujeito responsável por seus atos*. Porto Alegre: Penso, 2003.

SANTOS, D. F. A.; CASTAMAN, A. S. Metodologias ativas: uma breve apresentação conceitual e de seus métodos. *Revista Linhas*. Florianópolis, v. 23, n. 51, p. 334–357, 2022. Disponível em: https://www.revistas.udesc.br/index.php/linhas/article/view/20185 – Acesso em: 12 dez. 2023.

SEFTON, A. P.; GALINI, M. E. *Metodologias ativas*: desenvolvendo aulas ativas para uma aprendizagem significativa. Rio de Janeiro: Freitas Bastos, 2022.

Sobre os autores

José Luís Landeira é formado em Letras pela Universidade de Coimbra, em Portugal. Mestre em Letras (Filologia) pela Universidade de São Paulo e doutor na área da Educação na mesma universidade. Ainda pós-doutorando em Educação e Literatura, na Universidade de Coimbra. Professor, consultor junto a diversas ordens religiosas e colégios na área da educação e autor de diversos livros e artigos.

Pe. Thiago Faccini Paro é Pedagogo e mestre em Teologia e especialista em Liturgia, Ciência e Cultura pela PUC-SP. Especialista em Espaço Litúrgico e Arte Sacra pela PUC-RS e doutorando em Teologia pela PUC-RJ. Compõe a Equipe de Reflexão da Comissão Episcopal para Liturgia da CNBB e é membro da Associação dos Liturgistas do Brasil – ASLI. Professor e autor de diversos livros na área da catequese e liturgia.

Conecte-se conosco:

f facebook.com/editoravozes

◯ @editoravozes

𝕏 @editora_vozes

▶ youtube.com/editoravozes

◯ +55 24 2233-9033

www.vozes.com.br

Conheça nossas lojas:
www.livrariavozes.com.br

Belo Horizonte – Brasília – Campinas – Cuiabá – Curitiba
Fortaleza – Juiz de Fora – Petrópolis – Recife – São Paulo

Vozes de Bolso

EDITORA VOZES LTDA.
Rua Frei Luís, 100 – Centro – Cep 25689-900 – Petrópolis, RJ
Tel.: (24) 2233-9000 – E-mail: vendas@vozes.com.br